使いやすい！教えやすい！家庭学習に最適の問題集！

広島県版 国立小学校

広島大学附属小学校・広島大学附属東雲小学校

2021 ～ 2022 年度過去問題を掲載　　2019 ～ 2022 年度過去問題を掲載

2023 年度版

過去問題集

<問題集の効果的な使い方>

①お子さまの学習を始める前に、まずは保護者の方が「入試問題」の傾向や難しさを確認・把握します。その際、すべての「学習のポイント」にも目を通しましょう。

②入試に必要なさまざまな分野学習を先に行い、基礎学力を養ってください。

③学力の定着が窺えたら「過去問題」にチャレンジ！

④お子さまの得意・苦手が分かったら、さらに分野学習をすすめレベルアップを図りましょう！

必ずおさえたい問題集

広島大学附属小学校

お話の記憶	お話の記憶問題集 初級編・中級編
図形	Ｊｒ・ウォッチャー 54「図形の構成」
数量	Ｊｒ・ウォッチャー 42「一対多の対応」
推理	Ｊｒ・ウォッチャー 32「ブラックボックス」
常識	Ｊｒ・ウォッチャー 27「理科」、55「理科②」

広島大学附属東雲小学校

お話の記憶	１話５分の読み聞かせお話集①・②
常識	Ｊｒ・ウォッチャー 25「生活巧緻性」
行動観察	Ｊｒ・ウォッチャー 29「行動観察」
行動観察	Ｊｒ・ウォッチャー 30「生活習慣」
運動	新運動テスト問題集

●資料提供●

東京学習社

日本学習図書（ニチガク）

ISBN978-4-7761-5463-1

C6037 ¥2500E

9784776154631

定価 2,750 円

（本体 2,500 円＋税 10%）

1926037025009

ニチガクの
家庭学習支援

Web学習 サポートサービス

こんなこと…ありませんか？

「ニチガクの問題集…買ったはいいけど、、、
この問題の教え方がわからない（汗）」

メールでお悩み解決します！

- ☆ ホームページ内の専用フォームで必要事項を入力！
- ☆ 教え方に困っているニチガクの問題を教えてください！
- ☆ 確認終了後、具体的な指導方法をメールでご返信！
- ☆ 全国どこでも！ スマホでも！ ぜひご活用ください！

<質問回答例>

学習のポイント

推理分野の学習では、後の学習に活きる思考力を養うことができます。ご家庭で指導する場合にも、テクニックにたよらず、保護者の方が先に基本的な考え方を理解した上で、お子さまによく考えさせることを大切にして指導してください。

Q.「お子さまによく考えさせることを大切にして指導してください」と学習のポイントにありますが、考える習慣をつけさせるためには、具体的にどのようにしたらいいですか？

A. お子さまが考える時間を持てるように、質問の仕方と、タイミングに工夫をしてみてください。
たとえば、「答えはあっているけど、どうやってその答えを見つけたの」「答えは○○なんだけど、どうしてだと思う？」という感じです。はじめのうちは、「必ず 30 秒考えてから手を動かす」などのルールを決める方法もおすすめです。

まずは、ホームページへアクセスしてください!!

http://www.nichigaku.jp　日本学習図書　検索

目指せ！合格！

家庭学習ガイド
広島大学附属小学校

ペーパー　巧緻性　口頭試問　行動観察　運動

入試情報

出題形態：ペーパー、ノンペーパー
面　　接：なし
出題領域：ペーパーテスト（お話の記憶、図形、数量、推理、常識）、巧緻性、口頭試問、行動観察、運動

受験にあたって

2022年度の試験は感染症対策をしながらの実施でしたが、内容的に大きな変化はなく、ペーパーテストはさまざまな分野から幅広く基礎問題が出題されるという従来の形でした。**お話の記憶**は、お話は短いですが、少し捻った切り口の質問が多くケアレスミスに注意が必要でしょう。お話だけなく、質問の意図をきちんと把握してから答えるようにしてください。もちろん、読み聞かせなどで、お話を聞く力を養うことも大切です。**図形・数量の分野**は出題範囲が広いので、幅広く基礎問題を学習し、対応できるようにしておきましょう。頻繁にというわけではありませんが、傾向が変わるので「ヤマを張る」ことはできません。またほかに頻出の**常識分野**の問題対策としては、外出時に、風景の中からさまざまなものを取り上げ、「それはどういうもので、何のためにあるのか」といったことを会話の中でお子さまに伝えるようにしましょう。そうすることで年齢なりの常識が身に付くだけでなく、親子間のコミュニケーションも充実するはずです。当校の試験では、学力と言うよりは全体を通して、年齢相応に生活力を身に付けていることがポイントになります。ペーパーと体験学習を上手に併用し、お子さまの小さな発見や疑問を大切にするコミュニケーションを多く持つことも大切です。

また、面接というほどではありませんが、簡単な**口頭試問**があります。本年度も10人程度のグループで行われました。機会を設けるのは難しいかもしれませんが、人前で話す練習もしておいた方がよいでしょう。

目指せ！合格！

家庭学習ガイド
広島大学附属東雲小学校

ペーパー　巧緻性　口頭試問　行動観察　運　動

入試情報

出 題 形 態：ペーパー、ノンペーパー

面　　　接：なし

出 題 領 域：ペーパーテスト（お話の記憶）、巧緻性、口頭試問、行動観察、運動

受験にあたって

2022 年度の試験は、感染対策を講じて行われましたが内容的にはここ数年と同様、大きな変化はありませんでした。当校入試のペーパーテストは、**お話の記憶**のみの出題となっています。お話は単純で短いものですが、出題形式に特徴があるので、過去問などを通じてしっかりと対策しておきましょう。**行動観察**では、例年、片付け、箸使い、風呂敷包みといった課題が出題されるのですが、今年は１人でのダンスという形になりました。本来は生活の中でよく目にする作業が課題となることが多いので、お子さまにふだんからそういった作業をさせておきましょう。

そのほかの出題においても、日常生活が基本となっている課題が多く見られます。お手伝いや遊びなど、日常生活を通して指示行動を実践する機会を持ちましょう。また、できた時はたくさん褒め、自信を持って取り組めるようにしてください。「楽しくできた」という気持ちをお子さまが持ちながら、さまざまなことを身に付けさせてあげることが重要です。日々の生活の中に、お子さまの能力を伸ばすチャンスはたくさんあるので、ふだんの言葉かけなどを意識するよう心がけてください。親子の対話を通して、情操を育んでいくことが大切になってきます。

広島県版
国立小学校
過去問題集

〈はじめに〉

現在、少子化が叫ばれているにもかかわらず、私立・国立小学校の入学試験には一定の応募者があります。入試は、ただやみくもに学習するだけでは成果を得ることはできません。志望校の過去における出題傾向を研究・把握した上で、練習を進めていくこと、その上で試験までに志願者の不得意分野を克服していくことが必須条件です。そこで、本問題集は小学校を受験される方々に、志望校の出題傾向をより詳しく知って頂くために、過去に遡り出題頻度の高い問題を結集いたしました。最新のデータを含む精選された過去問題集で実力をお付けください。

〈本書ご使用方法〉

◆出題者は出題前に一度問題を通読し、出題内容などを把握した上で、〈 準 備 〉の欄に表記してあるものを用意してから始めてください。
◆お子さまに絵の頁を渡し、出題者が問題文を読む形式で出題してください。問題を読んだ後で、絵の頁を渡す問題もありますのでご注意ください。
◆「分野」は、問題の分野を表しています。弊社の問題集の分野に対応していますので、復習の際の目安にお役立てください。
◆一部の描画や工作、常識等の問題については、解答が省略されているものがあります。お子さまの答えが成り立つか、出題者が各自でご判断ください。
◆〈 時 間 〉につきましては、目安とお考えください。
◆解答右端の［〇年度］は、問題の出題年度です。［2022年度］は、「2021年度の秋から冬にかけて行われた2022年度入学志望者向けの考査で出題された問題」という意味です。
◆学習のポイントは、指導の際にご参考にしてください。
◆【おすすめ問題集】は各問題の基礎力養成や実力アップにご使用ください。

〈本書ご使用にあたっての注意点〉

◆文中に **この問題の絵は縦に使用してください。** と記載してある問題の絵は縦にしてお使いください。
◆〈 準 備 〉の欄で、クレヨンと表記してある場合は12色程度のものを、画用紙と表記してある場合は白い画用紙をご用意ください。
◆文中に **この問題の絵はありません。** と記載してある問題には絵の頁がありませんので、ご注意ください。なお、問題の絵の右上にある番号が連番でなくても、中央下の頁番号が連番の場合は落丁ではありません。
下記一覧表の●がついている問題は絵がありません。

問題1	問題2	問題3	問題4	問題5	問題6	問題7	問題8	問題9	問題10
								●	
問題11	問題12	問題13	問題14	問題15	問題16	問題17	問題18	問題19	問題20
●									
問題21	問題22	問題23	問題24	問題25	問題26	問題27	問題28	問題29	問題30
	●	●				●	●	●	
問題31	問題32	問題33	問題34	問題35	問題36	問題37	問題38	問題39	問題40
			●				●	●	
問題41	問題42	問題43							
		●							

〈広島大学附属小学校〉

◎学習効果を上げるため、前掲の「家庭学習ガイド」をお読みになり、各校が実施する入試の出題傾向をよく把握した上で問題に取り組んでください。
※冒頭の「本書ご使用方法」「本書ご使用にあたっての注意点」も併せてご覧ください。

2022年度の最新問題

問題1　分野：お話の記憶（女子）

〈準備〉　クーピーペン（赤）

〈問題〉　（問題の絵はお話を読み終わってから渡す）
お話をよく聞いて、後の質問に答えてください。
ある朝たろうくんが公園で遊ぼうとしていると、お友だちのけんじくんが橋のところで泣いていたので、「どうしたの。」と声をかけました。けんじくんは、「うちの子ネコのミーが、いなくなっちゃったんだ。」と答えました。「どこを探しても見つからないんだ。」というので、たろうくんは「ぼくも一緒に探してあげるよ。どんなネコなの。色鉛筆を持っているから、絵に描いてあげるよ。」と言いました。けんじくんは、「右耳と背中に黒の模様がある白のまだらもようで、短いしっぽがぴいんと立っているんだ。」と教えてくれました。２人は絵を持って、ミーを探しに行きました。けんじくんの隣の家に住んでいるおばあさんに絵を見せて聞いてみると、「うちにいたけれど、窓から逃げちゃったよ。」と言ったので、２人はがっかりしました。おばあさんの隣の家のおじいさんが、「わしも見たぞ。わしの家の前を通って、公園の方へ向かって言ったぞ。」と言ったので、２人はお礼を言って、公園の方へ向かっていきました。公園を探してもミーはいませんでした。公園には、△のまわりに○が４つある足跡がついていました。それをたどっていくと、暗い草むらにやってきました。そこには、黒いカラスとコウモリがいました。クモの巣が木にはりついていて、イヌの鳴き声が聞こえました。２人は怖くなって草むらから逃げました。２人は気を取り直して幼稚園に行きました。先生にネコの絵を見せると、「さっきここで寝ていたけれど、すぐに起きて逃げて行ってしまいましたよ。」と教えてくれました。２人ががっかりして家に帰ろうとすると、２人の後ろから「ミャー。」と声が聞こえました。ミーだとわかったけんじくんは、にっこり笑って抱きしめました。

①けんじくんの飼っていたネコはどんなネコでしたか。○をつけてください。
②ネコの足跡はどんなものでしたか。○をつけてください。
③子ネコはおばあさんの家のどこから逃げましたか。○をつけてください。
④２人が見なかったものは何ですか。○をつけてください。
⑤たろうくんとけんじくんが行かなかったところはどこですか。○をつけてください。

〈時間〉　各15秒

問題2　分野：お話の記憶（男子）

〈準備〉　クーピーペン（赤）

〈問題〉　（問題の絵はお話を読み終わってから渡す）
お話をよく聞いて、後の質問に答えてください。
はなこちゃんのおじいちゃんは、家の畑で野菜をとるお仕事をしていて、ニワトリとヤギとウシを飼っています。はなこちゃんは、おじいちゃんのお手伝いをするのが大好きです。ある日、はなこちゃんは料理上手なおばあちゃんとお昼ご飯の準備をした後、おじいちゃんと一緒に動物達にえさをやりにいきました。すると、飼っているウシの中の１頭がえさをあまり食べてくれません。心配になって、隣町の獣医さんに診てもらうことにしました。おじいちゃんは、腰を痛めていてウシを連れて行くことができないので、獣医さんが自動車に乗ってやってきてくれました。はなこちゃんは、獣医さんをウシのところまで案内しました。丁寧に診てもらうと、そのウシのお腹の中に赤ちゃんがいることがわかったのです。獣医さんは、「もうすぐ生まれそうですよ。生まれるまでに、お母さんウシに少しでもごはんを食べてもらえるように、おけの中にえさを入れて用意してあげてください。それから、たっぷりわらを敷いてあげてくださいね。」と言いました。はなこちゃんは、おじいちゃんのかわりに一生懸命準備しました。おけの中にはたっぷりのえさを用意して、ウシの周りにはたくさんのわらを敷いてあげました。ウシがはなこちゃんの用意したえさを食べてくれたので、はなこちゃんはほっとしました。ウシの赤ちゃんが生まれるまでもう少し時間がかかりそうだったので、おばあちゃんがやってきて「赤ちゃんが生まれる前に、夏にぴったりなおやつを作るよ。」と言いました。はなこちゃんは、おばあちゃんと一緒に冷たいおやつを作って食べながら、（早く元気な赤ちゃんが生まれるといいな。）と思いました。

①お話に出てこなかった動物はどれですか。○をつけてください。
②獣医さんが乗ってきたものはどれですか。○をつけてください。
③はなこちゃんが用意したものはどれですか。○をつけてください。
④お話の季節に咲く花はどれですか。○をつけてください。
⑤おばあちゃんが作ったおやつはどれですか。○をつけてください。

〈時間〉　各15秒

家庭学習のコツ①　「先輩ママのアドバイス」を読みましょう！

本書冒頭の「先輩ママのアドバイス」には、実際に試験を経験された方の貴重なお話が掲載されています。対策学習への取り組み方だけでなく、試験場の雰囲気や会場での過ごし方、お子さまの健康管理、家庭学習の方法など、さまざまなことがらについてのアドバイスもあります。先輩ママの体験談、アドバイスに学び、ステップアップを図りましょう！

問題3　分野：数量（女子）

〈準備〉　クーピーペン（赤）

〈問題〉　（問題３－１の絵を渡す）
上の絵を見てください。三角のお皿にはりんごが１個、四角のお皿にはりんごが２個、丸いお皿にはりんごが３個乗っているお約束です。お手本では、三角のお皿が２枚ありますので、りんごは合わせて２個あることになりますね。その数だけ下の箱の中に○を書きます。
（問題３－２の絵を渡す）
お手本と同じようにして、①②のりんごの数だけ下の箱に○を書いてください。

〈時間〉　各30秒

問題4　分野：計算（男子）

〈準備〉　クーピーペン（赤）

〈問題〉　お手本を見てください。あめが２個、ドーナツが１個あります。あめとドーナツをそれぞれ３個ずつにするには、あめが１個、ドーナツが２個足りませんね。下の箱の中から、あめが１個、ドーナツが２個ある箱に○をつけます。
①を見てください。あめとドーナツをそれぞれ10個ずつにするには、どの箱を選べばよいですか。○をつけてください。

〈時間〉　30秒

問題5　分野：図形（回転図形）（女子）

〈準備〉　クーピーペン（赤）

〈問題〉　お手本を見てください。左のサイコロがコトンと一回倒れると、どのようになるでしょうか。真ん中が正しいので、○をつけます。
では、①②で左のサイコロが倒れたときのものでないものはどれでしょうか。○をつけてください。

〈時間〉　各20秒

問題6　分野：図形（四方見からの観察）（男子）

〈準備〉　クーピーペン（赤）

〈問題〉　お手本を見てください。左の積木を上から見ると、どのように見えるでしょうか。左上が正しいので、○をつけます。
同じように、①の左の積木を上から見たときにどのように見えるでしょうか。その様子に、○をつけてください。

〈時間〉　30秒

問題7　分野：常識（生活）（女子）

〈準備〉　クーピーペン（赤）

〈問題〉　これからお話をします。お話の内容と合うものを、星印（☆）と黒丸（●）を線でひとつずつ結んでください。（問題７－１の絵を見せる）ただし、このような線の結び方は、してはいけません。
（問題７－２の絵を渡す）
正しい結び方で、問題の指示通りに線を結びます。
①女の子が、お出かけをします。寒いので何を身につけますか。星印（☆）と黒丸（●）を線で結んでください。
②おじさんが、畑で働いています。畑でとれるものは、何ですか。星印（☆）と黒丸（●）を線で結んでください。

〈時間〉　30秒

問題8　分野：置き換え・お話の記憶（男子）

〈準備〉　クーピーペン（赤）

〈問題〉　（問題８－１の絵を渡す）
上の絵を見てください。それぞれの絵は、矢印の右隣のものに変わるお約束です。これからお話をします。このお約束通りに変えて、お話の順番になるように線結びをします。
「イヌが、玄関から家に上がったので、そのあと玄関をほうきで掃き、イヌの足をタオルでふきました。」
このお話の通りに線結びをすると、こうなりますね。
この問題の絵は縦に使用してください。
（問題８－２の絵を渡す）
では、このお約束と同じようにして、これからお話をするとおりに線結びをしてください。
①トリは、豆を食べた後、近くにいたミミズを見つけて食べました。
②イヌがご飯を食べます。はじめにパンを食べました。次に肉、最後に魚を食べました。

〈時間〉　各20秒

家庭学習のコツ②　「家庭学習ガイド」はママの味方！

問題演習を始める前に、試験の概要をまとめた「家庭学習ガイド（本書カラーページに掲載）」を読みましょう。「家庭学習ガイド」には、応募者数や試験科目の詳細のほか、学習を進める上で重要な情報が掲載されています。それらの情報で入試の傾向をつかみ、学習の方針を立ててから、対策学習を始めてください。

問題9　分野：行動観察（男子・女子）

〈準備〉　なし

〈問題〉　**この問題の絵はありません。**

（志願者は椅子に座って待機。先生がお手本を見せる。）
先生が手を叩いている間に、２人でペアを作ってじゃんけんをしましょう。負けた人は、元の椅子に戻り、その後は、じゃんけんに参加はできません。
２回戦は、じゃんけんで勝った人同士で、またペアを作りじゃんけんをしましょう。
３回戦も同じようにじゃんけんをします。２人でペアを作れなかったら、３人でじゃんけんをしてもよいですよ。最後に、先生から「元の位置に戻りなさい。」と言われたら、椅子に戻りましょう。

〈時間〉　適宜

問題10　分野：行動観察（男子・女子）

〈準備〉　ビニールテープ
問題10の絵を参照してビニールテープを床に貼っておく。

〈問題〉　**この問題は絵を参考にしてください。**

橋の周りは海です。先生の「どうぞ。」の合図で、橋から落ちないように最後まで進みましょう。もし落ちたら、落ちる前のところに戻りましょう。

〈時間〉　適宜

問題11　分野：口頭試問（男子・女子）

〈準備〉　なし

〈問題〉　**この問題の絵はありません。**

全員が席に着いてから、先生は、前列から順番に、１人１問の質問をしていく。
その際、先生は、志願者の机の横にしゃがんで、小さな声で質問をする。
先生から全員に「おはよう」または、「こんにちは」の挨拶がある。

【女子】
①いま、いちばんがんばっていることは何ですか。
②お父さんお母さんに褒められることはありますか。
　どんなことで、褒められましたか。
③最近できるようになったことはありますか。
　できるようになったことを教えてください。
④最近嬉しかったことは何ですか。
⑤最近、ありがとうと言われたことはありますか。
　それは、どんな時に言われましたか。

【男子】
①何の野菜が好きですか。
②好きなお手伝いは何ですか。
③好きな遊びは何ですか。
④好きな乗り物は何ですか。
⑤好きな果物は何ですか。

〈時間〉　適宜

問題12　分野：お話の記憶（女子）

〈準備〉　クーピーペン（赤）

〈問題〉　（問題の絵はお話を読み終わってから渡す）
お話をよく聞いて、後の質問に答えてください。
たろう君は、遠くに住んでいるおばあちゃんに手紙を書きました。手紙には、「もうすぐ１年生になるから、いろんなことができるようになったよ。折り紙や色塗りや、鉄棒が上手になったよ」と書きました。折り紙でタンポポやバラやチューリップやコスモスを作りましたが、一番上手にできたコスモスの花を手紙に入れました。たろう君は、お母さんに「もうすぐ１年生だから、自分でポストに入れてくるよ」と言うと、お母さんは切手を貼ってくれて、「車に気を付けていってらっしゃい」と言って送り出してくれました。たろう君は、はじめに八百屋さんの前を通って、次に魚屋さんの前を通ると、魚屋のおじさんが「１人かい？信号に気を付けてね」と声をかけてくれました。それからケーキ屋さんの前を通ると、ケーキ屋さんのお姉さんから「きれいなお手紙を持ってるね」と言われました。たろう君は、「もうちょっとで、パン屋さんだ。確か、あそこにポストがあるからもう少しだ」と思いました。そうして、パン屋さんの前について、ポストに手紙を入れました。２日後、おばあちゃんからお礼の手紙とプレゼントが届きました。そのプレゼントの中には、タオルハンカチと鉛筆が入っていました。おばあちゃんの手紙には、「いろんなことができるようになったわね。プレゼントは１年生になったら使ってね」と書いてありました。タオルハンカチには、たろう君の大好きな、体が白と黒でササの葉を食べる動物が描いてありました。

①たろう君ができるようになったことは何ですか。○をつけてください。
②たろう君が手紙に入れた花はどれですか。○をつけてください。
③おばあちゃんからもらったプレゼントはどれですか。○をつけてください。
④タオルハンカチに描かれていた動物はどれですか。○をつけてください。

〈時間〉　各15秒

問題13　分野：お話の記憶（男子）

〈準備〉　クーピーペン（赤）

〈問題〉　（問題の絵はお話を読み終わってから渡す）
お話をよく聞いて、後の質問に答えてください。
たかし君は、優しいお父さんと、美味しいご飯を作ってくれるお母さんの３人家族です。今日の朝ご飯にはイチゴジャムがかかっていて、その上にメロンとバナナが載っているホットケーキを食べました。たかし君は好きなものを作ってくれたお礼に、「今日はいっぱいお手伝いをするよ」とお母さんに言いました。ホットケーキを食べ終えると、まずたかし君とお母さんはいっしょにお皿洗いをしました。その後たかし君は、「次は、何のお手伝いをすればいい？」と、お母さんに聞くと、「スーパーマーケットに、お買い物に行ってちょうだい」と、頼まれました。出掛ける準備をしていると、お父さんの、「おおい。助けて」という声が聞こえてきました。玄関の外まで見に行くと、お父さんが、壁をペンキで塗っていたので、たかし君はお手伝いをすることにしました。お父さんから、手伝ってくれたご褒美に、「好きな色で塗っていいよ」と言われたので、たかし君は、「黄色い長細い果物の色で塗りたいな」と言うと、お父さんに用意してもらったその色のペンキで、お父さんが指で指した壁を塗りました。

①ホットケーキにかかっていたジャムの果物に○をつけてください。
②たかし君がお手伝いをしなかったものに○をつけてください。
③たかし君が好きな色と同じ色のものに○をつけてください。
④朝ご飯で食べたホットケーキに○をつけてください。

〈時間〉　各15秒

問題14　分野：図形（展開）（女子）

〈準備〉　クーピーペン（赤）

〈問題〉　左の四角に折った紙の点線のところをハサミで切って開きます。どのような形になりましたか。正しいものを右の四角から選んで○をつけてください。

〈時間〉　30秒

問題15　分野：図形（図形の構成）（男子）

〈準備〉　クーピーペン（赤）

〈問題〉　左の形を使ってできるものを右から見つけ、線で結んでください。

〈時間〉　各20秒

問題16　分野：図形（鏡図形）（男子）

〈準備〉　クーピーペン（赤）

〈問題〉　１番上の四角を見てください。左のスタンプを押すと、右のような形になります。それぞれの段の左の四角に描いてあるスタンプを押すと右の四角のどの形になるでしょう。正しいものに○をつけてください。

〈時間〉　各20秒

問題17　分野：推理（女子）

〈準備〉　クーピーペン（赤）

〈問題〉　左のものが進んだ跡を右側から選んで線で結んでください。

〈時間〉　30秒

問題18　分野：推理（ブラックボックス）（女子）

〈準備〉　クーピーペン（赤）

〈問題〉　１番上の四角を見てください。リンゴ２個をサルの箱に入れると、バナナ１本になります。バナナ１本をゾウの箱に入れると、リンゴ３個になります。
それぞれの段の左の四角のように果物が箱を通ると果物はいくつになりますか。
その数だけ右側の四角に○を書いてください。

〈時間〉　各30秒

問題19　分野：常識（生活）（女子）

〈準備〉　クーピーペン（赤）

〈問題〉　水を運べる道具に○をつけてください。

〈時間〉　30秒

問題20　分野：常識（理科）（男子）

〈準備〉　クーピーペン（赤）

〈問題〉　①鳴く虫を選んで○をつけてください。
②飛ぶ虫を選んで○をつけてください。

〈時間〉　30秒

問題21　分野：数量（一対多の対応、同数発見）（女子）

〈準 備〉　クーピーペン（赤）

〈問 題〉　上の四角のように花と花瓶、敷物をセットにします。真ん中の四角に描いてあるもので、いくつのセットができるでしょう。その数だけ下の四角に○を書いてください。

〈時 間〉　30秒

問題22　分野：行動観察（男子・女子）

〈準 備〉　なし

〈問 題〉　この問題の絵はありません。

①「ひげじいさん」（女子）

「トントントントン　ひげじいさん
トントントントン　こぶじいさん　トントントントン　てんぐさん
トントントントン　めがねさん　トントントントン　手は上に
キラキラキラキラ　手はおひざ」

テスターは歌うが、志願者には「声を出してはいけない」との指示がある。数回続けて行う。

「みんなでグーチョキパーで何作ろう」（男子）

（先生が最初に手本を見せる。「パンパン」と２回手を叩いたら、終わりという指示がある）

「みんなでグーチョキパーで何作ろう♪グーとグーでゴリラ、チョキとチョキでカニ、パーとパーでチョウチョウ」。

テスターは歌うが、志願者には「声を出してはいけない」との指示がある。数回続けて行う。

※練習はなし。

②じゃんけん（男女共通）

「せーの、１、２の３（手を叩く）でじゃんけんぽん」と見本を見せ先生とじゃんけん。「勝ったら手は頭、あいこは肩に指先をつける、負けたら膝をさわる」「声を出してはいけない」という指示を口頭である。

※練習はなし。

〈時 間〉　適宜

問題23　分野：口頭試問（男子・女子）

〈準備〉　なし
※この問題は３人グループで行う。

〈問題〉　**この問題の絵はありません。**
（全員が席に着くと、テスターが「おはようございます」もしくは「こんにちは」と全員にあいさつ。質問は１人２問。それぞれの机の横に移動して行う）
①公園で遊ぶ時、好きな遊びは何ですか。
　→それはなぜですか。
②好きなくだもの（野菜、動物、虫）は何ですか。
　→それはどんなものですか。
※グループ内で同じ質問はされない。

〈時間〉　適宜

問題 1

☆広島大学附属小学校

①

②

③

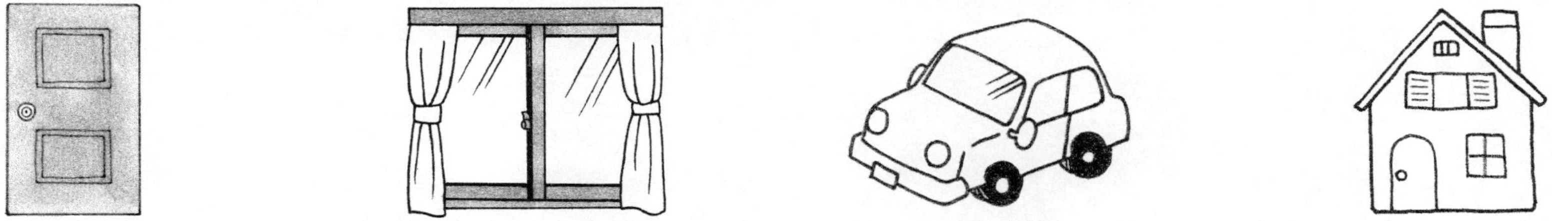

④

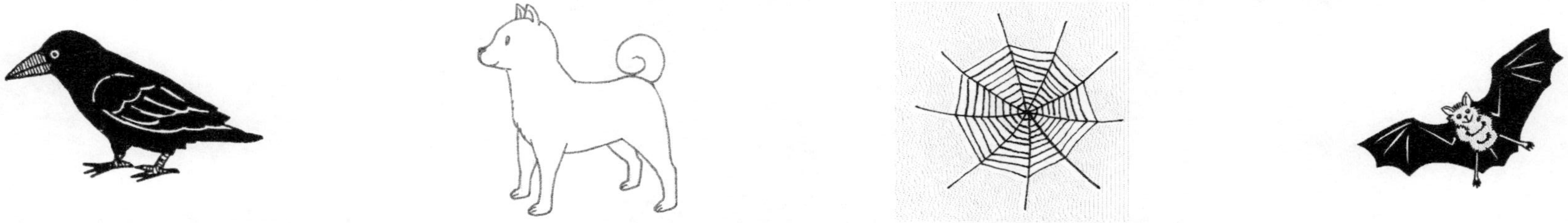

⑤

☆広島大学附属小学校

問題 2

①

②

③

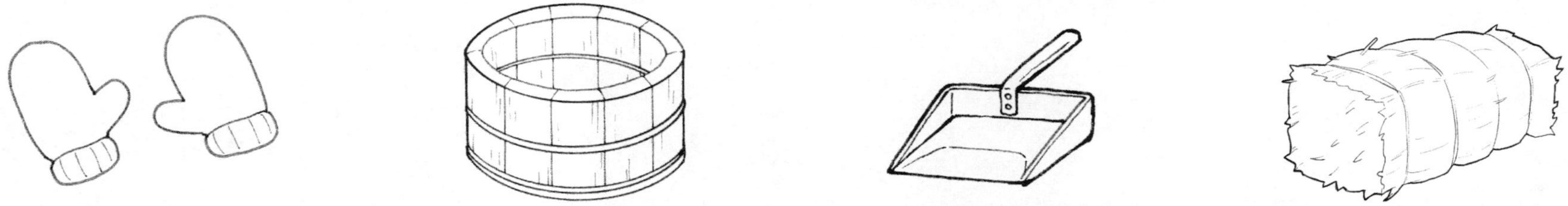

④

⑤

問題3－1

おやくそく

れい

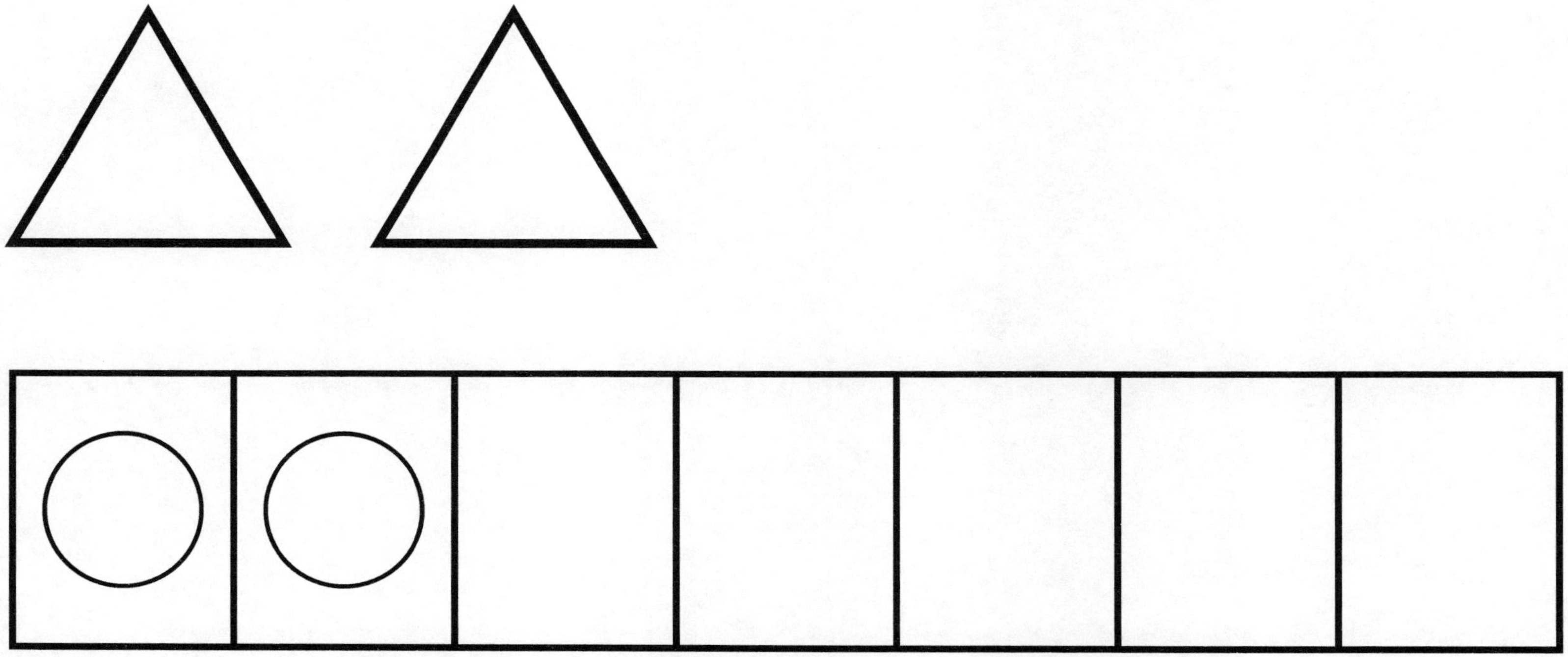

問題３－２

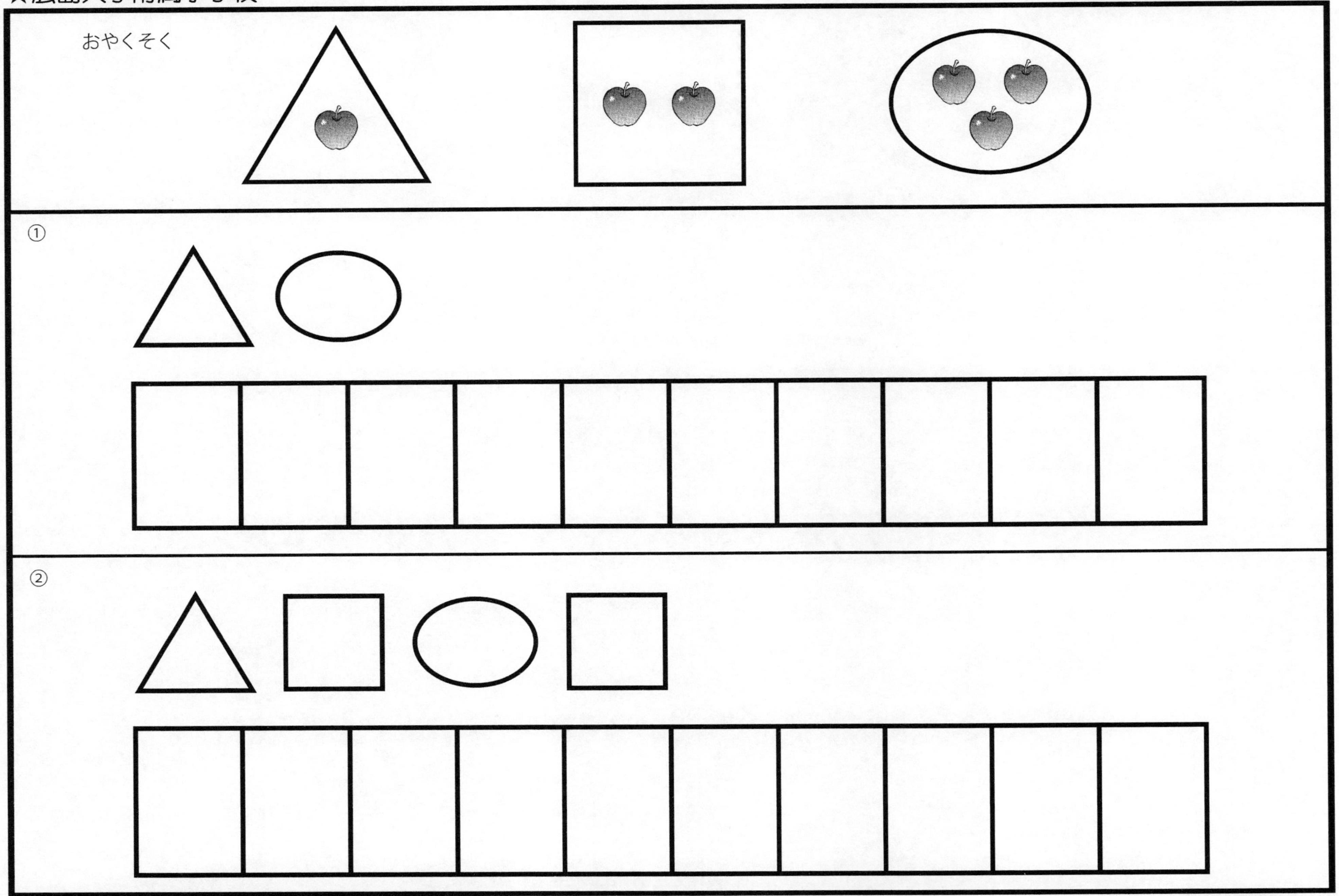

日本学習図書株式会社

おてほん

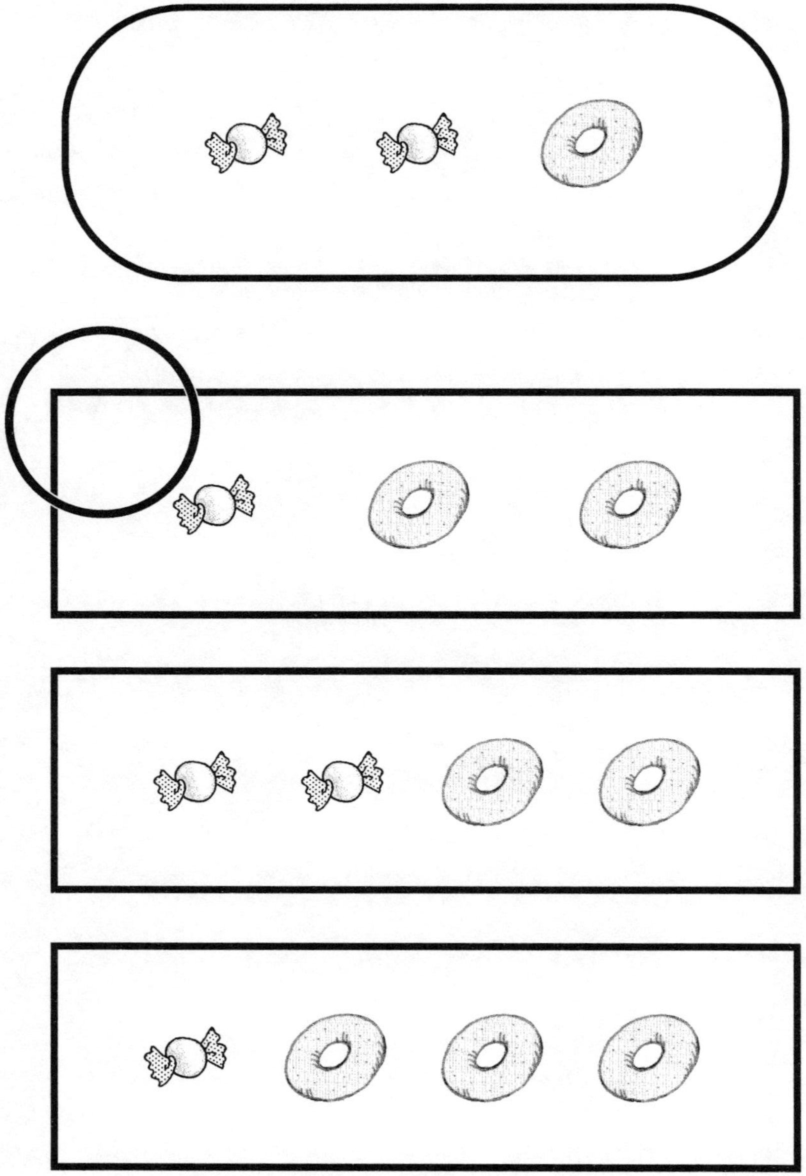

①

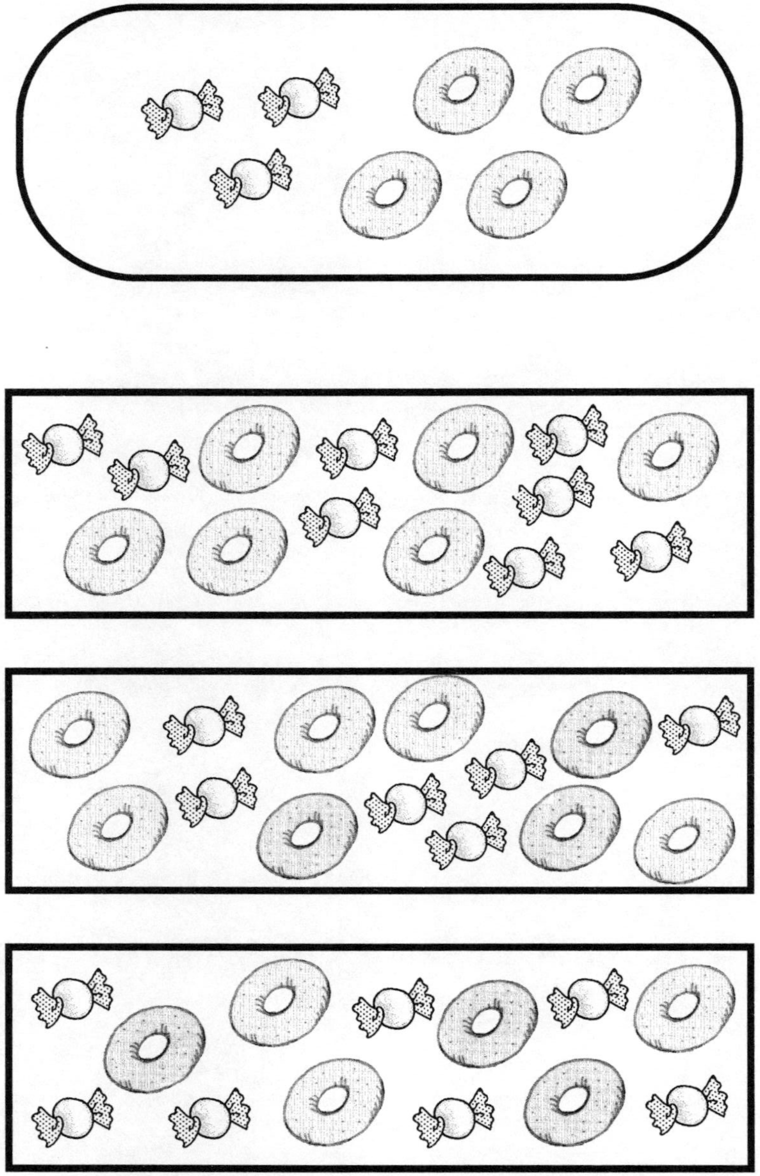

☆広島大学附属小学校

問題5

おてほん

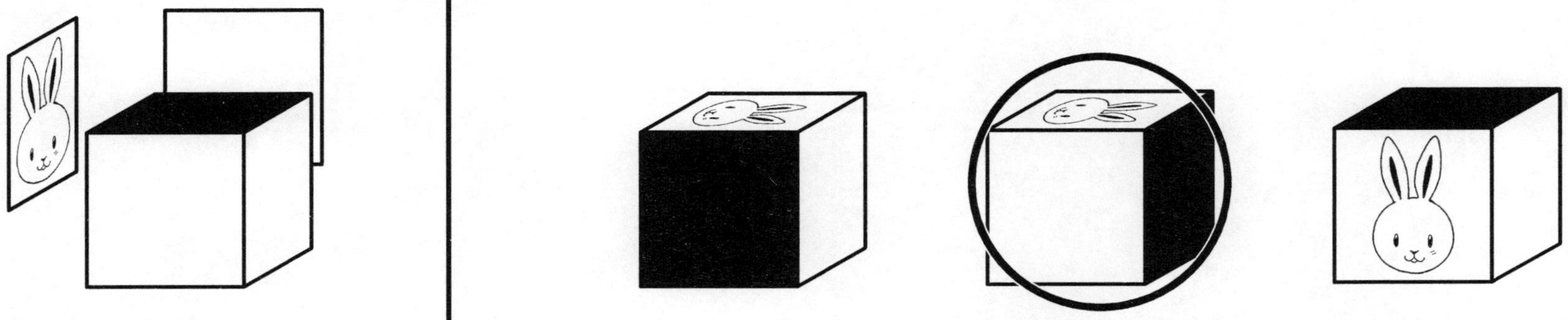

①

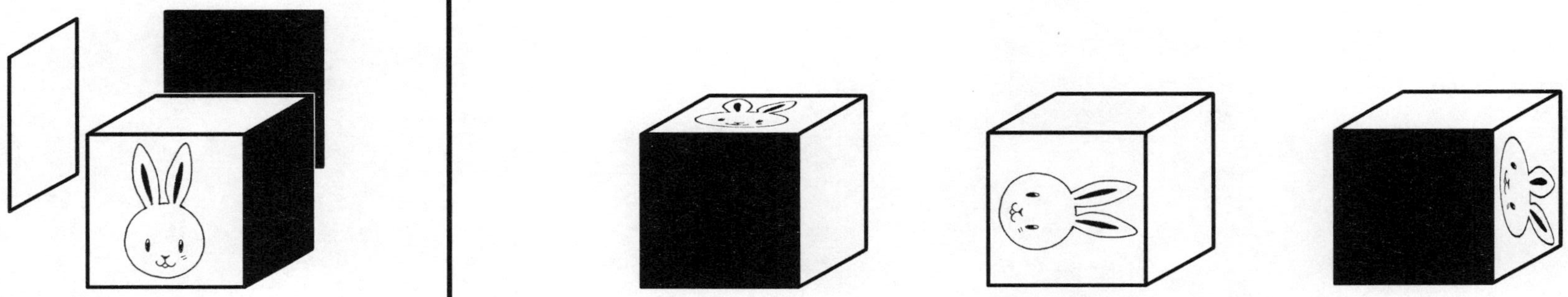

②

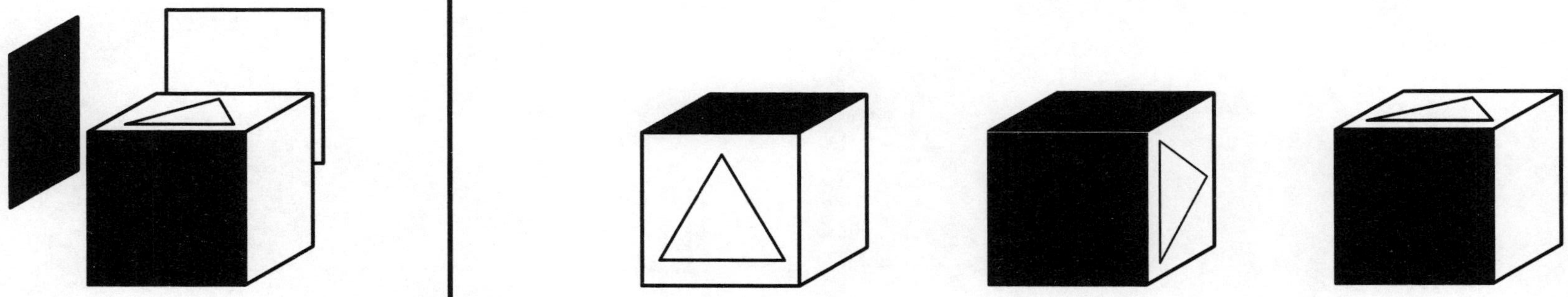

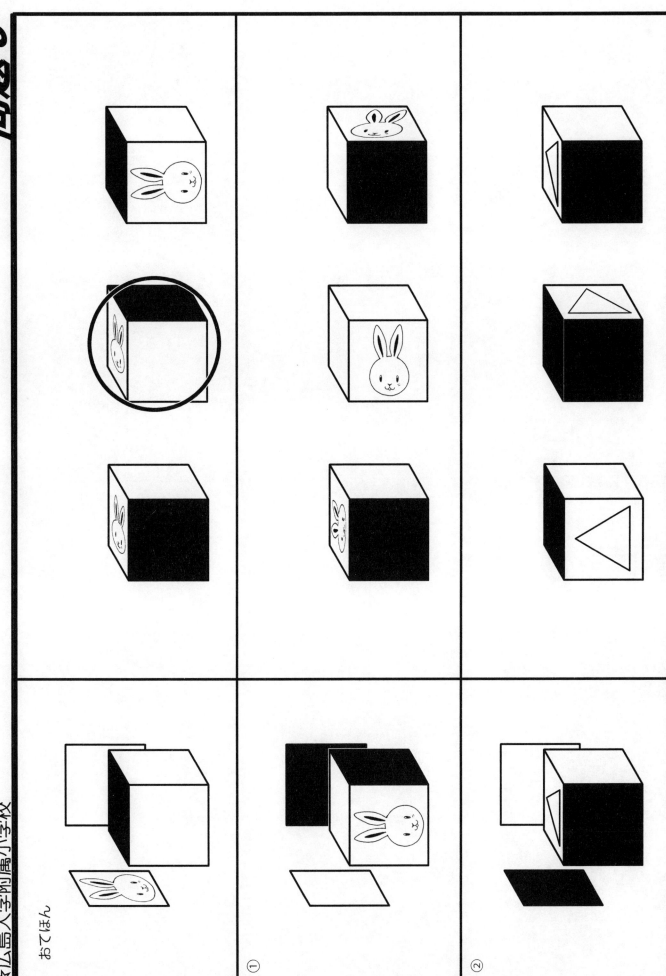

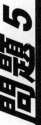

おてほん

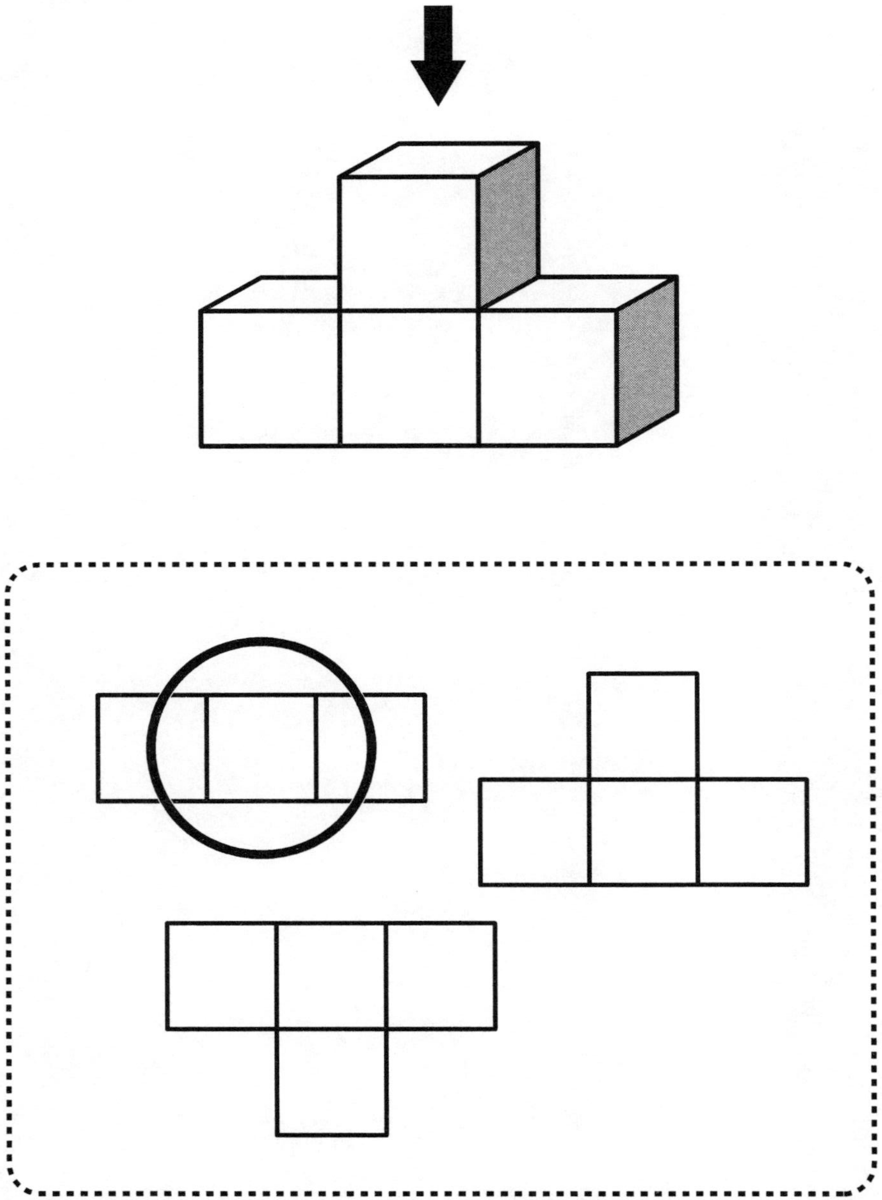

①

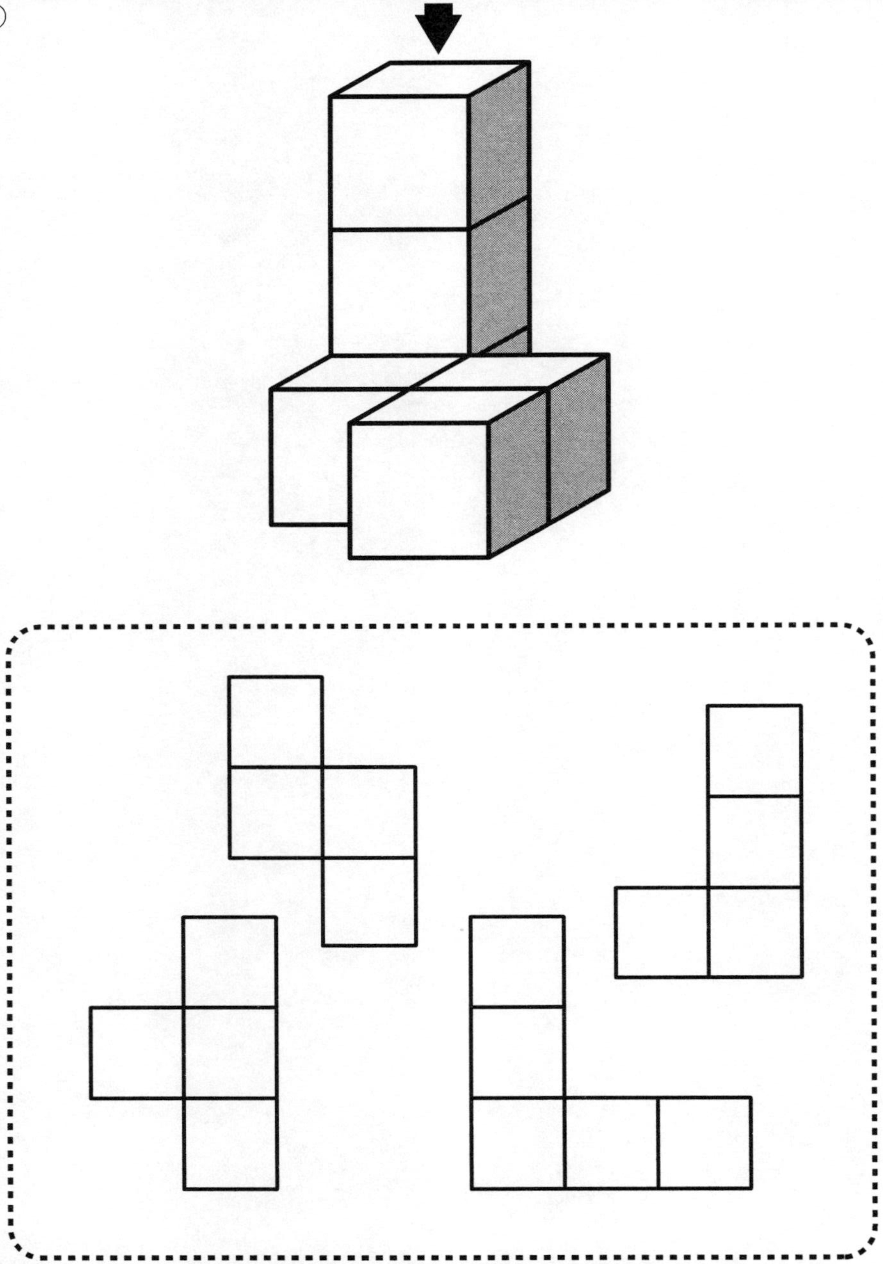

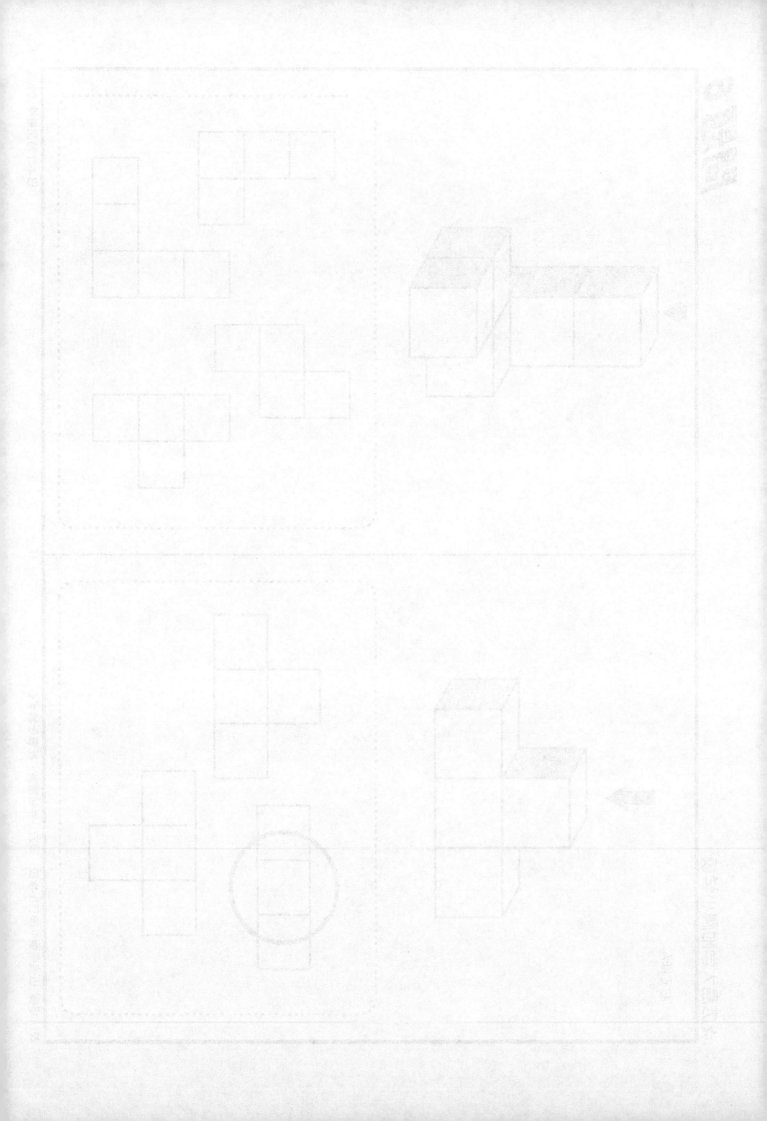

問題７－１

わるいれい

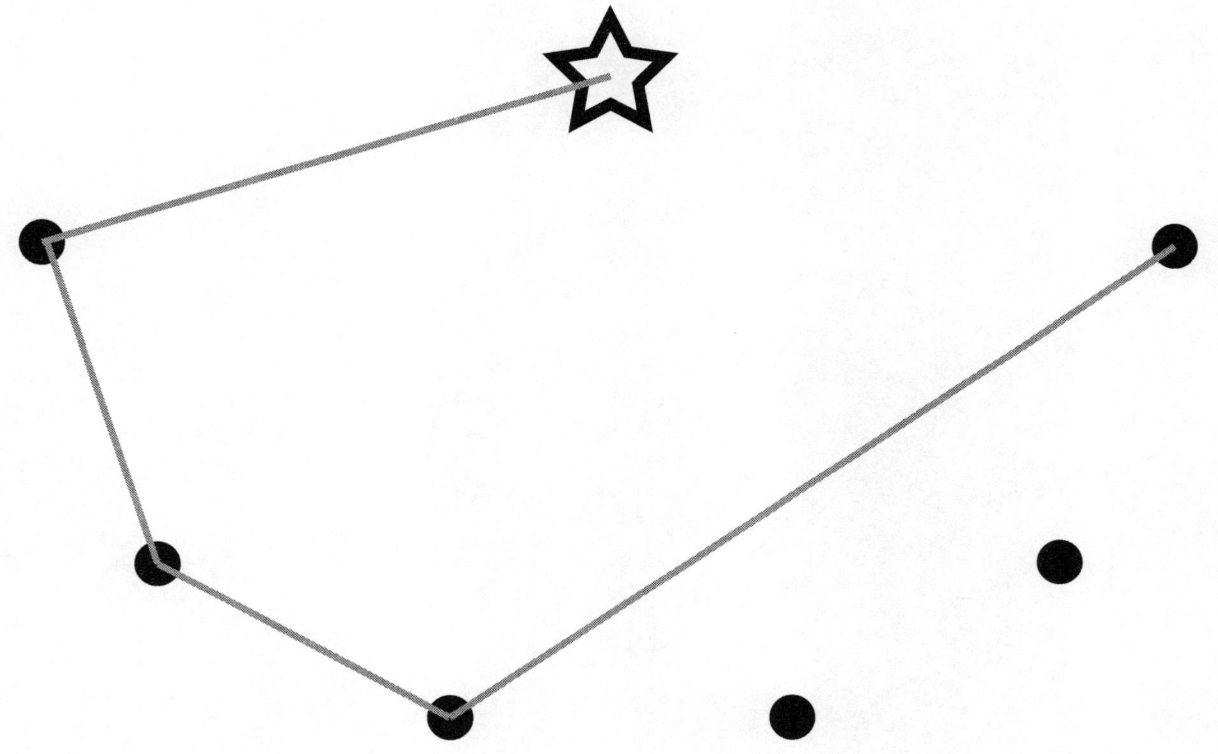

問題7－2

①

②

問題8－1

おやくそく

れい

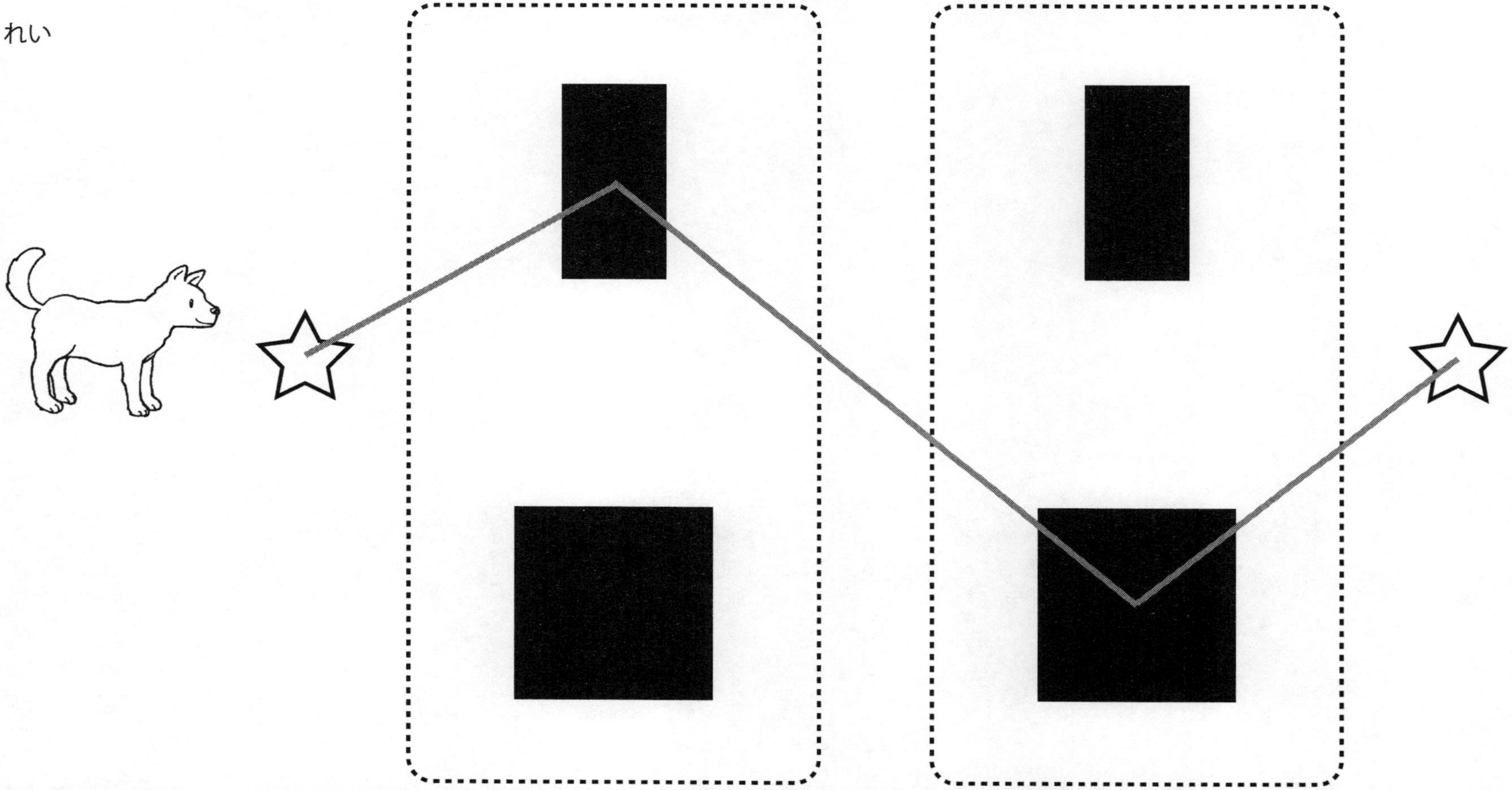

日本学習図書株式会社

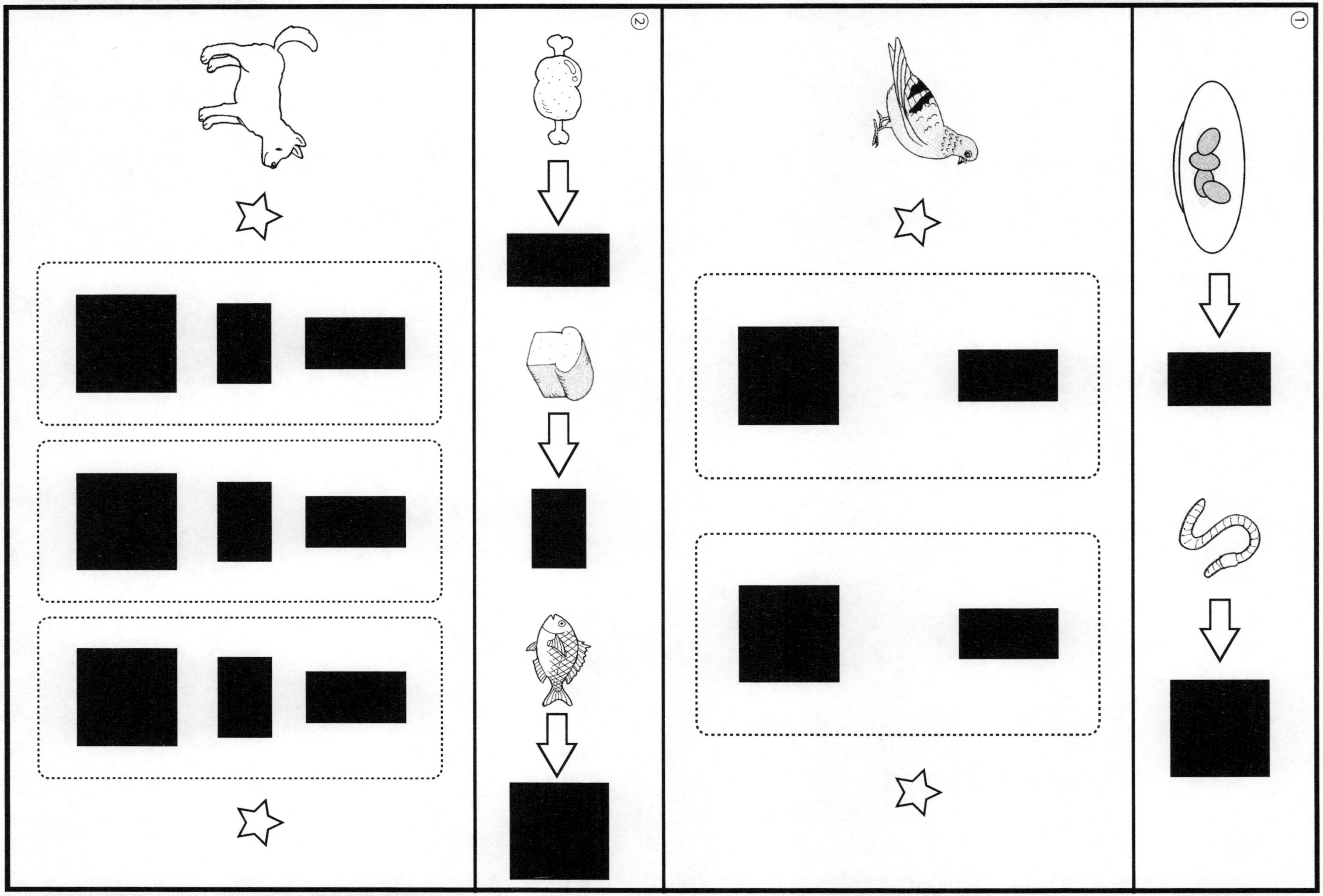

問題10

歩き方のお手本

つま先とかかとを
くっつけるように歩く

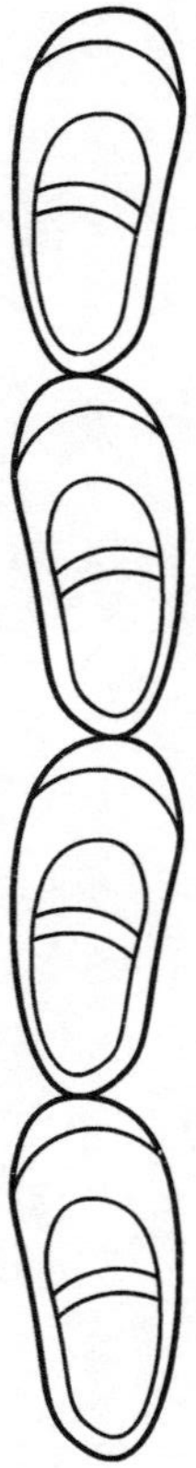

・受験者は四角に並んで座り、四方に先生がいる。
受験者は中央を向いており、他の受験者が進む様子を
見ることができる。

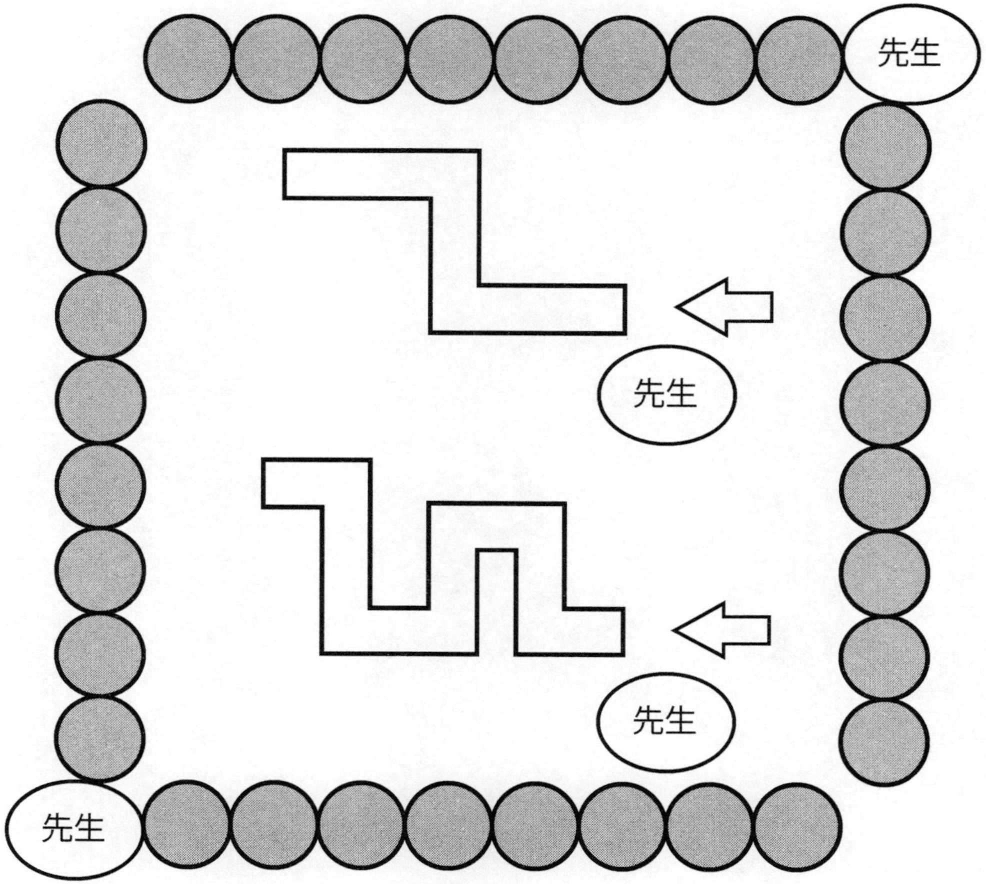

☆広島大学附属小学校

問題１２

①

②

③

④

問題１３

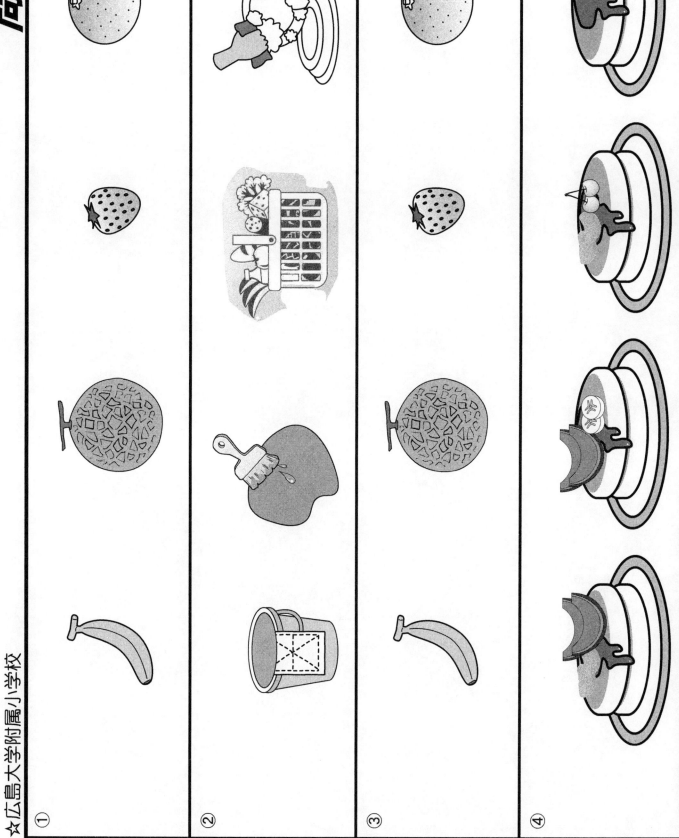

①

②

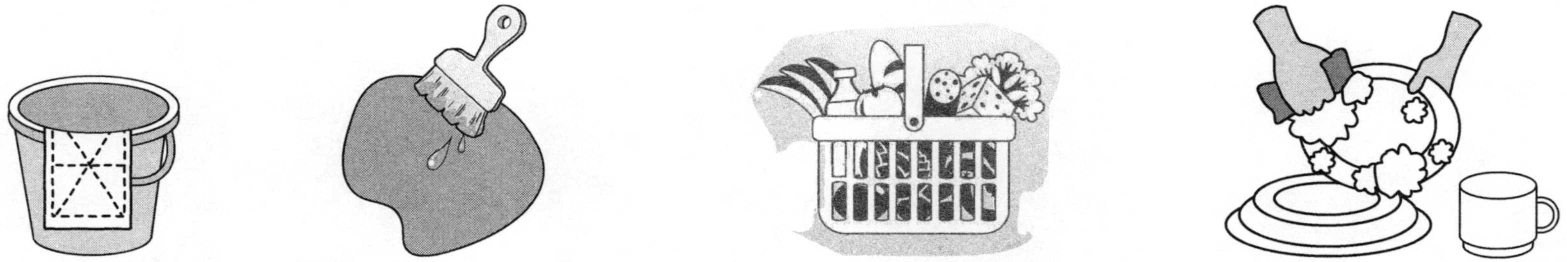

③

④

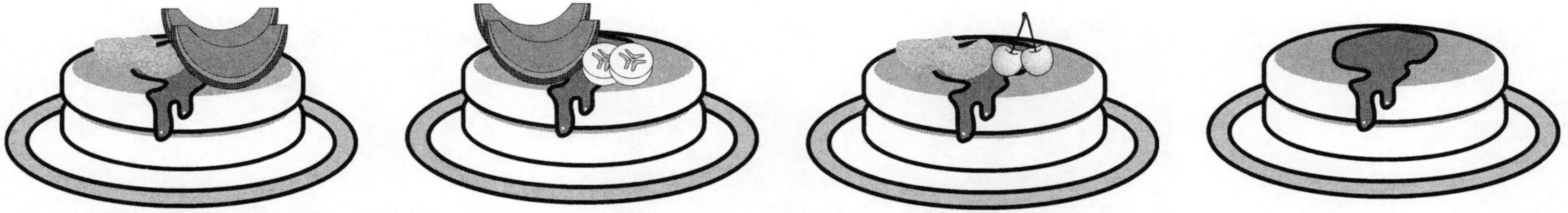

日本学習図書株式会社

問題１４

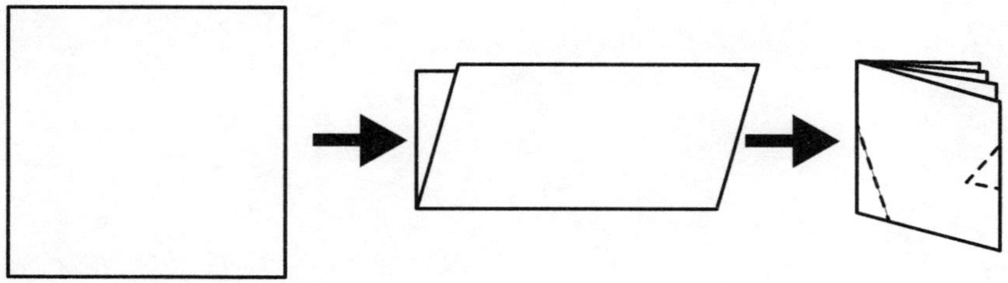

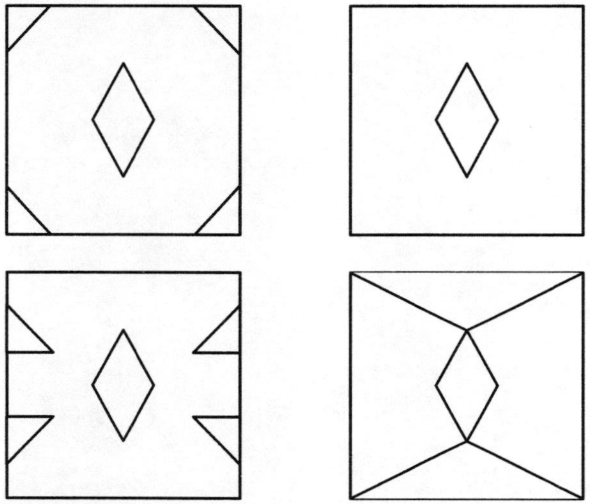

☆広島大学附属小学校

2023年度 広島県版 国立小学校 過去 無断複製／転載を禁ずる 日本学習図書株式会社

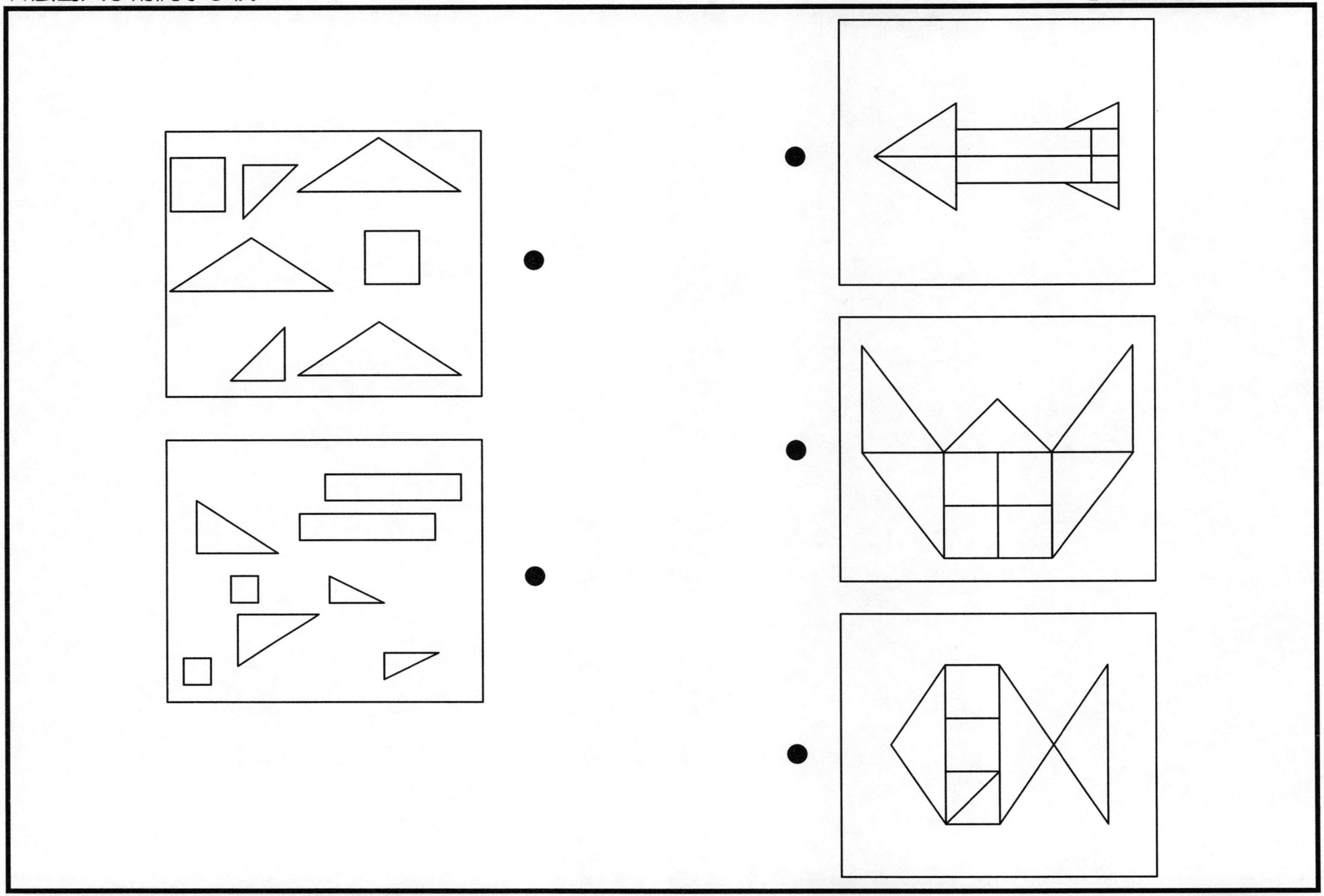

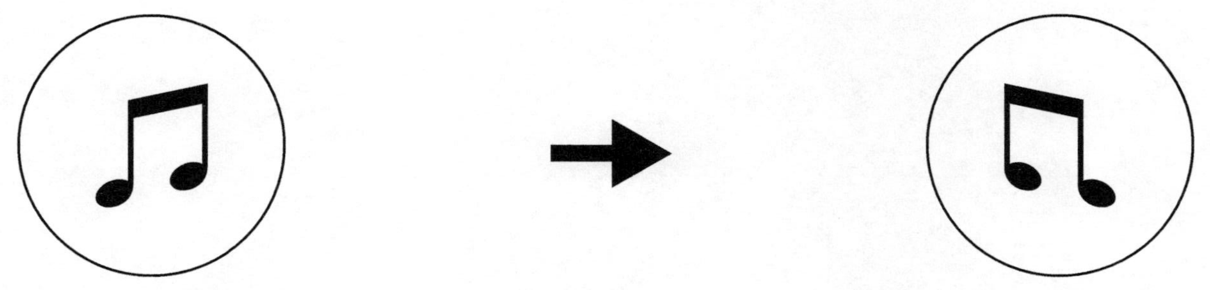

①

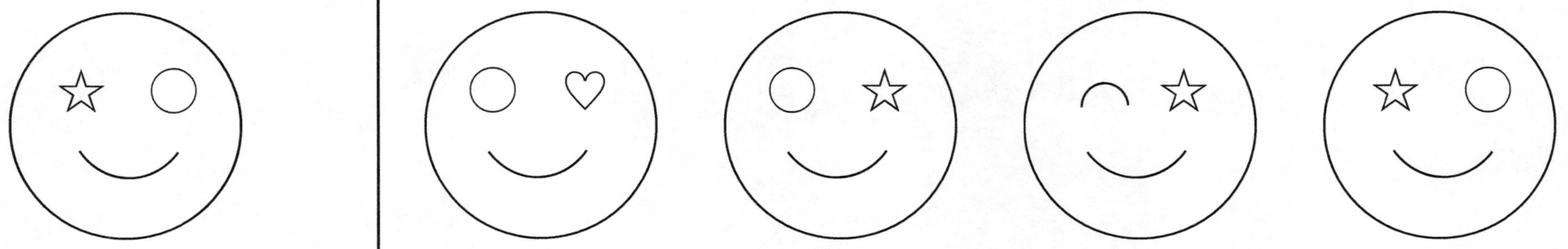

②

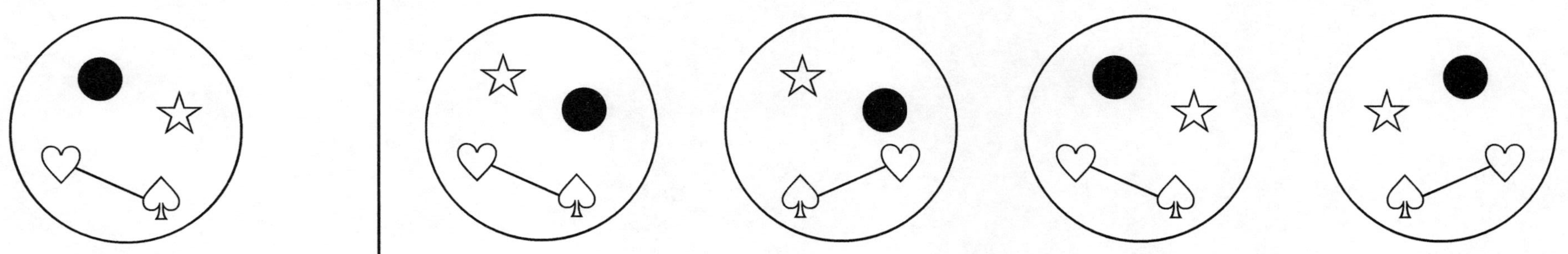

問題１７

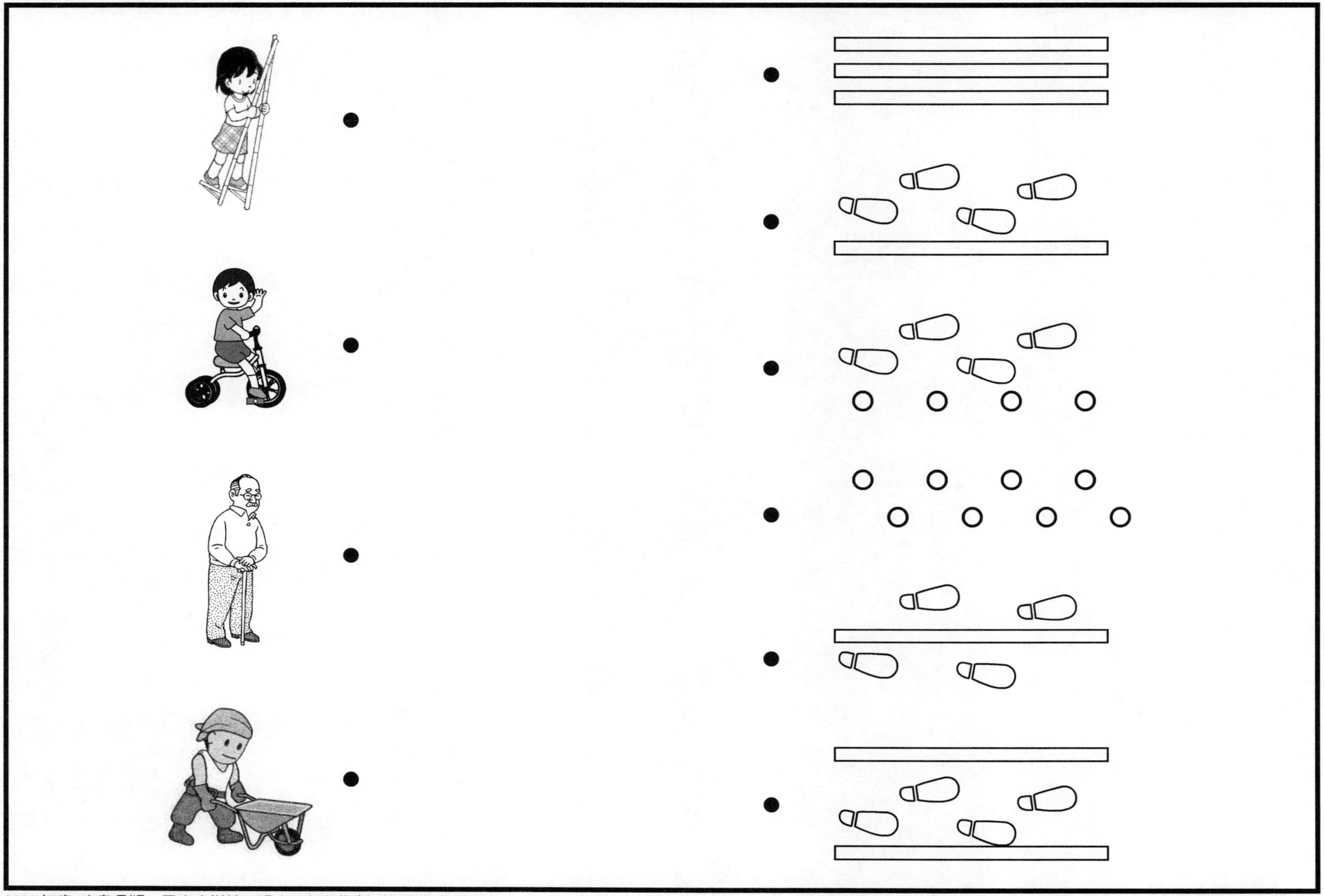

☆広島大学附属小学校

問題18

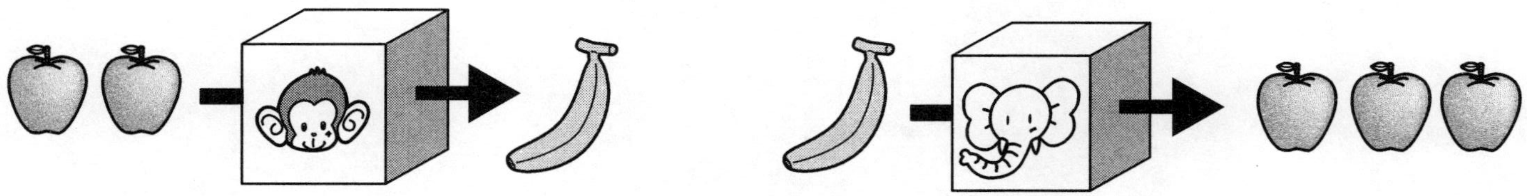

①

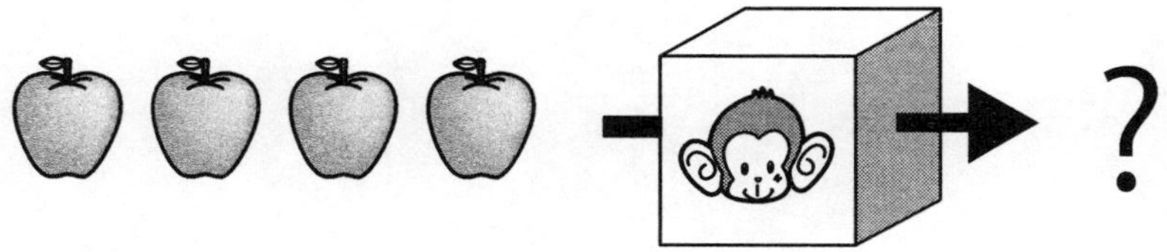

②

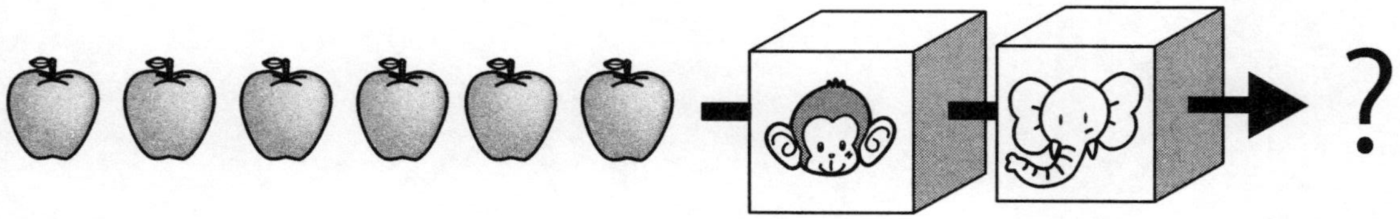

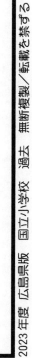

問題１９

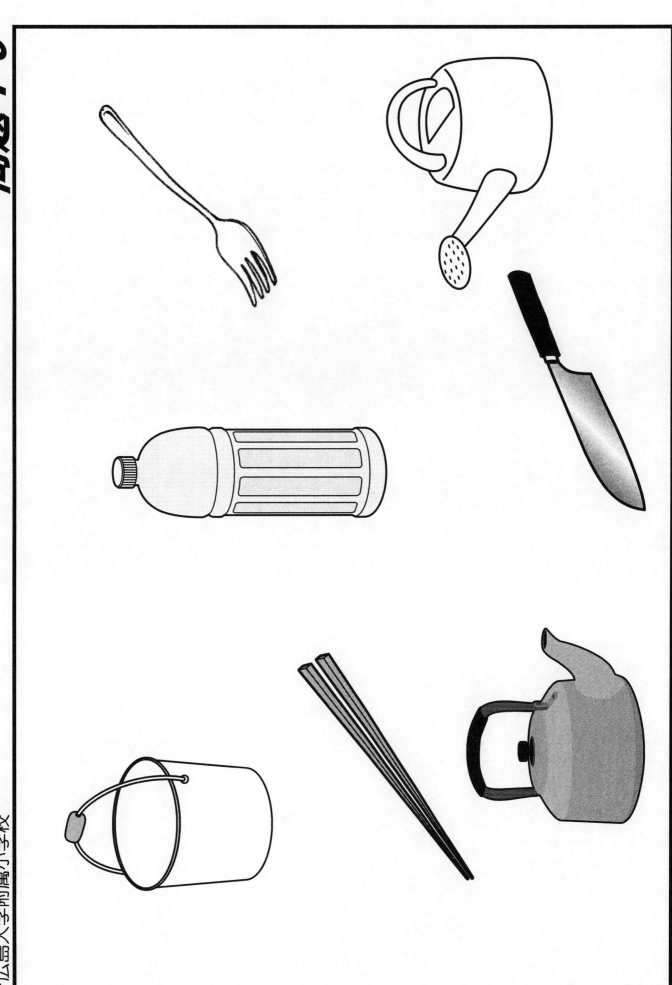

☆広島大学附属小学校

問題２０

①

②

問題２１

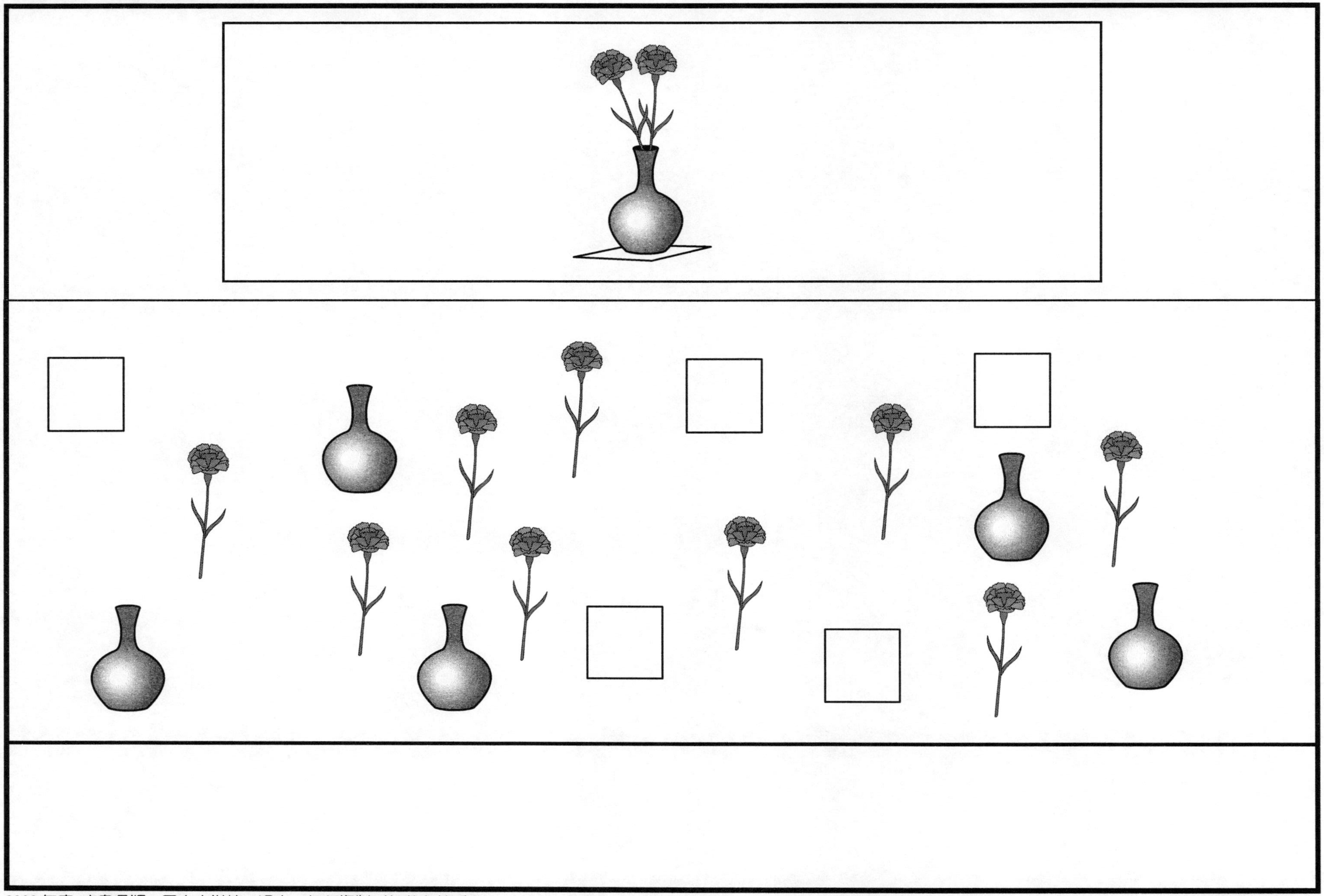

　　日本学習図書株式会社

2022年度入試
解答例・学習アドバイス

解答例では、制作・巧緻性・行動観察・運動といった分野の問題の答えは省略されています。こうした問題では、各問のアドバイスを参照し、保護者の方がお子さまの答えを判断してください。

問題1　分野：お話の記憶（女子）

〈解答〉　①右から２番目　②右から２番目　③左から２番目（窓）
④左から２番目（イヌ）　⑤左から２番目（警察署）、右から２番目（花屋）

長いお話ではなく、また登場人物の入れ替わりもないお話なので、しっかりとお話を聞くことはできたかと思います。ただ、いなくなった子ネコのミーがどんどん移動していくので、その経過をとらえることが難しかったかもしれません。また、その特徴も右耳と背中の黒い模様なので、左右弁別がしっかりできていないと左右の耳を逆に選んでしまったかもしれません。お話の記憶はこのように時間の経過や、左右、特徴、位置、数、季節など、あらゆる要素を含むことが多いので、お話の内容をお子さまに復唱してもらう練習もされるとよいでしょう。コウモリは木の枝やほら穴などにぶらさがっていて、草むらにいるということはほとんどありません。お話としてとらえてください。

【おすすめ問題集】
1話5分の読み聞かせお話集①・②、お話の記憶問題集 初級編・中級編・上級編、Ｊｒ・ウォッチャー19「お話の記憶」

問題2　分野：お話の記憶（男子）

〈解答〉　①左から２番目（馬）　②左端（自動車）　③左から２番目（桶）と右端（藁）
④左から２番目（アサガオ）　⑤右から２番目（アイスクリーム）

ウシの赤ちゃんが誕生するまでのお話です。ウシが赤ちゃんを産むことは知っていても、具体的な様子は想像しにくいお子さまが多いと思われます。お話の途中で何のことだろう？と考えてしまうと、その後のお話がなかなか耳に入ってこなくなります。実際に赤ちゃん誕生を見ることは難しいかもしれませんが、牧場に行って実物のわらなどを見てくるだけでもよい勉強になります。また、最初に生き物が出てきた後は、ずっとお母さんウシの話ばかりになっていたので、他の生き物を忘れてしまいがちです。その場その場で、しっかりと頭の中でシーンを描いて記憶する必要があります。また季節の問題も出ましたが、「夏」「冷たいおやつ」という言葉をしっかり聞き取ることができれば、解答は問題ないでしょう。

【おすすめ問題集】
１話５分の読み聞かせお話集①・②、お話の記憶問題集 初級編・中級編・上級編、
Ｊｒ・ウォッチャー19「お話の記憶」

問題3　分野：数量（女子）

〈解答〉　①○４つ　②○８つ

三角形・四角形・楕円の中のりんごの数通りに解答用紙のそれぞれの形に○を書いて、全部数えてからその数だけ○を書くというやり方が一般的でしょうが、早くに解答するためには、①は最初は三角形だから○を１つ、次は楕円だから○を３つ…とその都度○を書いていく方が、間違いが少なく早くに解答できます。もちろん、できるならば１０までの数の操作は素早くできるようにしておいた方がよいです。しかし、解答を急ぐあまり○の形が雑になってもいけません。○は下から書き始め、きちんと留め合わせて書きましょう。そして、なるべく大きさを揃えて書けるよう、日ごろから気をつけましょう。

【おすすめ問題集】
Ｊｒ・ウォッチャー14「数える」、38「たし算・ひき算①」、
39「たし算・ひき算②」

問題4　分野：数量（男子）

〈解 答〉　一番下

この数量問題は、「同じ数にするには、あといくつ？」という、わかりやすい引き算だけで考える問題ではなく、バラバラに並んでいる２種類の数を数え、それぞれを見本の数に足した後の数を問題で指定されている数と合わせる、やや難度の高い問題です。この問題はこのように真っ向から解くのではなく、まずは一番上のお皿の飴とドーナツの数の違いを考えます。すると、ドーナツが１つ多いことがすぐにわかると思います。ですので、同じ数にするには飴よりドーナツは１つ少ないものを選べばよいのです。これが理解できれば、引いたり足したりする必要はなく、答えは簡単に見つかります。

【おすすめ問題集】

Ｊｒ・ウォッチャー14「数える」、15「比較」、37「選んで数える」、38「たし算・ひき算①」、39「たし算・ひき算②」、43「数のやりとり」

問題5　分野：図形（回転図形）（男子）

〈解 答〉　①左端と右端　②左端と右端

お手本の図の意味が理解できないと、この問題は解けません。サイコロの形の正面からは見えない背面が、屏風のような図で示されています。わかりやすいのは、黒い面ですね。注意すべきなのは、お手本では「倒れたものに○をつける」という指示なのに対し、問題では「倒れた状態でないものに○をつける」という指示になっている点です。お手本と同じだと思って解答すると間違ってしまいますので、注意深く最後まで問題文を聴くようにお子さまに指導してあげてください。①は、中央だけがコトンと倒れた状態ですので、他の２つが解答になります。解答が複数あるというのも注意するべきポイントです。②も中央だけが倒れた状態で、他の２つは元のサイコロとは違うものだということがわかれば完璧です。黒い面や三角がどのように動くか、具体物を使い実際に転がしてみて、しっかりと頭の中でイメージを描けるようにしましょう。

【おすすめ問題集】

Ｊｒ・ウォッチャー14「数える」、15「比較」、37「選んで数える」、38「たし算・ひき算①」、39「たし算・ひき算②」、43「数のやりとり」

問題6　分野：図形（四方からの観察）（女子）

〈解答〉　下図参照

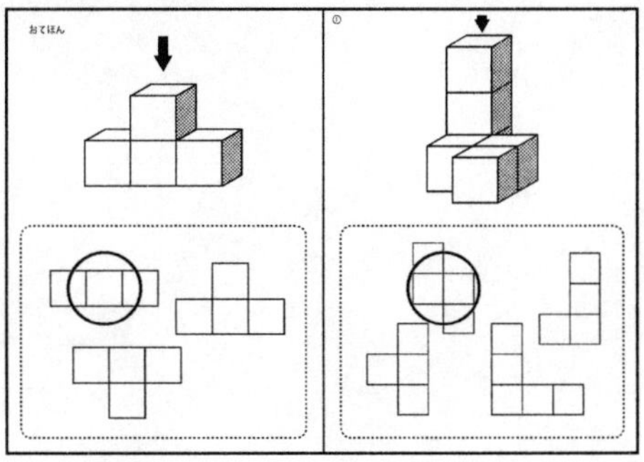

年齢相応の空間認知があればさほど難しい問題ではありませんが、やはり四方からの観察の理解には、実際に積み木を使ってお子さまが図と同じように作る練習をしておくことが必要です。実際に組み立てることによって、奥行や高さなどの理解が深まります。この空間認知がしっかりできないと、積み木の数も出せません。今回の問題では、立方体の積み木しか使われていませんが、直方体や三角柱などが組み合わさると、見る方向によっては長四角や三角形あるいは正方形や四角形に見えます。また円錐などを上から見た場合、ペーパー上の表記として円の中心に黒い点の図として示されます。このような表記にも慣れておく必要があります。

【おすすめ問題集】

Ｊｒ・ウォッチャー10「四方からの観察」、53「四方からの観察 積み木編」

問題7　分野：常識（生活）（女子）

〈解答〉　下図参照

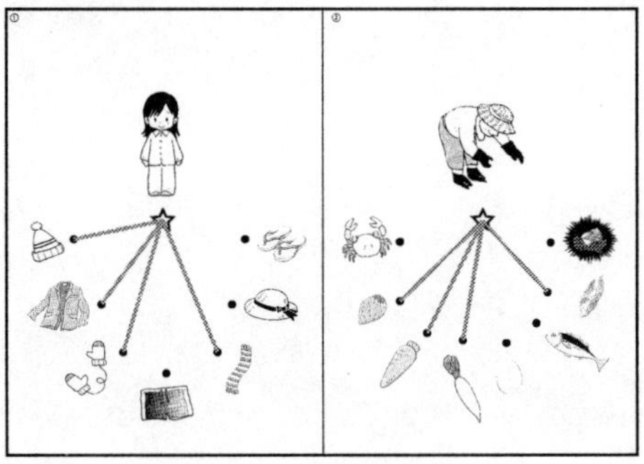

この問題は、お手本をよく見て解答する必要があります。主語にあたる星（☆）からひとつひとつを線結びするよう指示があり、やってはいけない例も示されますので、どのように線を結べばよいか判断できることが大切です。また、答えはひとつではないので時間になるまで見直しましょう。これらは、日常生活、つまりご家庭の教育方針も問われている問題のひとつです。身支度など、お子さまがひとりでできますか。食育について、お子さまときちんとお話をされていますか。ペーパー上だけで覚えるのではなく、日常生活でできている、理解していることが最も大切であり、お子さまの自立を促すものです。

【おすすめ問題集】

Ｊｒ・ウォッチャー30「生活習慣」、51「運筆①」

問題8　分野：置き換え・お話の記憶（男子）

〈解 答〉　下図参照

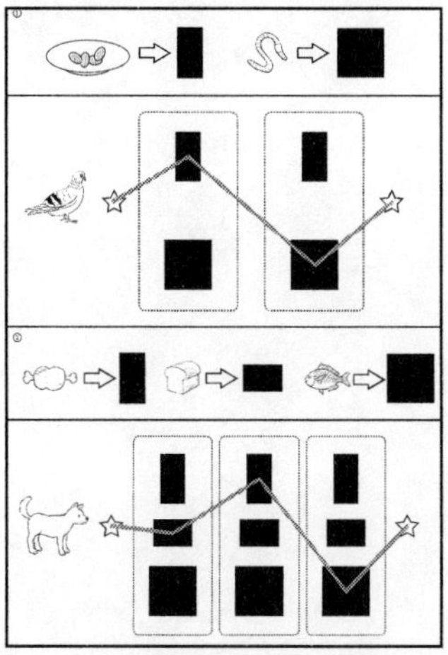

お話の中に出てくるものの中で、お手本のように、一部のものだけ矢印の形に変えて、お話の順番通りになるよう、線結びをする問題です。ただ、見本では左の星（☆）から線を書き始めて、最後も右側の星（☆）まで線結びをするように、という指示はありません。お手本をしっかり見て、求められていることをきちんと理解しておかないと、星（☆）との線を結び忘れて減点されてしまうか、または点を落としてしまいます。決して長いお話ではないので、このようにお手本を侮らず、慌てずにお手本と見比べて、同じように解答できるよう、見直しをする習慣もつけておきましょう。

【おすすめ問題集】

Ｊｒ・ウォッチャー19「お話の記憶」、20「見る記憶・聴く記憶」、
57「置き換え」

問題9　分野：行動観察（男子・女子）

〈解 答〉　省略

説明を聞く姿勢、ペアを作るときの声かけや行動、負けてしまった後の待機姿勢、勝った後の行動など、じゃんけんの勝ち負けではない部分が主に観られています。初めて会うお友だちにスムーズに声をかけることができるか、先生とのお約束を守れるか、日頃から意識して指導されることが肝要です。コロナ禍でお友だちと一緒に遊ぶ機会がなかなかないかもしれませんが、公園に行ったときやご近所でお友だちに会ったときなど、少ない機会を活用してしっかりと社交性を身につけましょう。

【おすすめ問題集】

Ｊｒ・ウォッチャー29「行動観察」、30「生活習慣」

問題10　分野：行動観察（男子・女子）

〈解答〉　省略

先生から歩き方の指導がある問題です。橋を渡る際に「足と足が開かないように」と指示だけではなく先生のお手本もあるので、お約束をしっかり守ることが大切であり、なおかつその後に続く人を考えて適度なスピードとバランスとお約束を守る、この３つが要求されています。一生懸命頑張ること、周囲の状況を考えること、そして必ず約束を守ること、ふざけないことなど、あらゆる面で日常のお子さまの様子が観えてきます。日頃から決していつもお子さま優位ではなく、きちんとけじめのある教育をされていることが大切かと思います。

【おすすめ問題集】
Ｊｒ・ウォッチャー29「行動観察」、30「生活習慣」、56「マナーとルール」

問題11　分野：口頭試問（男子・女子）

〈解答〉　省略

一般的な対面式面接ではなく、集団の中で行われる、１人１問の口頭試問形式の面接です。始めに先生から、ご挨拶があるので、大きな声で元気よく挨拶できるようにしましょう。その後は、先生がひとりひとりの座席に移動して全て違う質問を小声でしていくので、あらゆる質問に対しての簡単な答えは用意されておくと良いでしょう。具体的なものや内容も聞かれますので、ひとつの事柄に対して少し掘り下げてお話できるよう、日頃から深い会話も必要です。また、ひとりひとりへの質問なので待機時間が長くなります。待機の間の姿勢をきちんとしておけるよう、姿勢やマナーを身に付けると同時に、他のお子さまが答えている時に耳を立てることのないよう、礼儀も教えましょう。

【おすすめ問題集】
Ｊｒ・ウォッチャー29「行動観察」、30「生活習慣」、56「マナーとルール」

問題12 分野：お話の記憶（女子）

〈解 答〉 ①（左から）鉄棒、塗り絵、折り紙　②右端（コスモス）
③左から２番目（鉛筆）　④右から２番目（パンダ）

お話の内容は複雑ではありませんが、①のように複数の答えがあるものには注意しましょう。いかにも１つ答えて終わりにしてしまいそうです。当校のお話の問題は、「お話は簡単だが、質問は捻ってある場合が多い」という特徴があります。対応としては、お話だけではなく、問題もよく聞いてから答えるようにしましょう。落ち着いて答えればケアレスミスも減るはずです。

また、お話に関係ない常識を聞かれることがあります。お話の季節を聞かれることが多いようですが、入試全体を通して常識を試されることが多いので、年齢なりの常識は広く身に付けておいてください。

【おすすめ問題集】

１話５分の読み聞かせお話集①・②、お話の記憶問題集 初級編・中級編、
Ｊｒ・ウォッチャー19「お話の記憶」

問題13 分野：お話の記憶（男子）

〈解 答〉 ①右から２番目（イチゴ）　②（左から）拭き掃除、買い物
③左端（バナナ）　④左から２番目

男子への出題です。ここ数年の傾向ですが、女子よりは簡単になっていることが多いようです。とは言っても、質問が捻ってあるのは同じで、ケアレスミスをしやすい問題と言えます。対処としては、女子と同じで問題を最後まで聞いて、落ち着いて答えるということしかありません。お話が単純ですから、内容を覚えるのはそんなに難しいことではありませんが、ほかのお子さまもそれは同じです。あまり差が付かないので、合格を目指すなら落とすことができない問題なのです。慎重に取り組んでください。

【おすすめ問題集】

１話５分の読み聞かせお話集①・②、お話の記憶問題集 初級編・中級編、
Ｊｒ・ウォッチャー19「お話の記憶」

問題14　分野：図形（展開）（女子）

〈解 答〉　①左下

展開の問題です。やや複雑なので注意してください。展開の問題は「折った線の線対称に切り取った形が線対称（左右逆）にできる」ということが理解できればほとんどの問題に答えられますが、お子さまに言葉で説明しても、まず理解できません。手間はかかりますが、やはり実物を見せて理屈を理解してもらいましょう。そのお子さま次第のところはありますが、たいていは「折った紙の一部を切り取る→開く」という作業を何度かやることで仕組みが理解でき、こうした問題も直感的に答えられるようになります。

【おすすめ問題集】

Ｊｒ・ウォッチャー５「回転・展開」

問題15　分野：図形（図形の構成）（男子）

〈解 答〉　下図参照

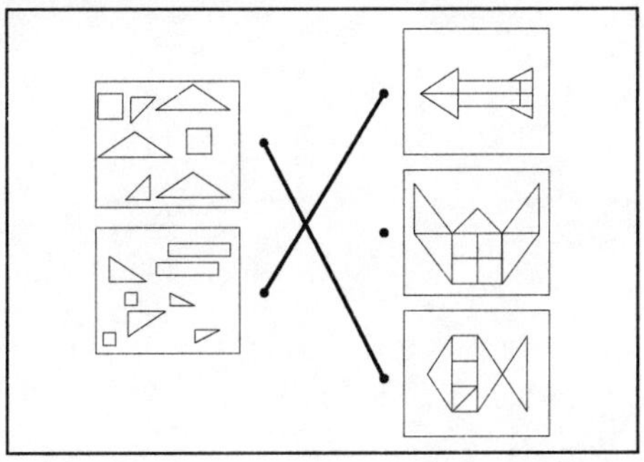

図形の構成の基礎問題です。直感的に答えがわからないようなら、右の図形（完成形）と左の図形を見比べながら、左の選択肢の図形（パズルのピース）を使ったものにチェックを入れていきましょう。時間はかかりますが、正解がわかります。試験ではそんな作業をしている時間はないので、特徴のある図形（ピース）に注目して、それのあるなしで判断してください。この問題なら大きな三角形や、正方形などがわかりやすいでしょう。慣れればひと目見ただけでなんとなく答えがわかるようになります。

【おすすめ問題集】

Ｊｒ・ウォッチャー３「パズル」、54「図形の構成」

問題16　分野：図形（鏡図形）（男子）

〈解答〉　①○：左から２番目　②○：右端

スタンプを押すとスタンプにデザインされたものと左右対称のものが押されます。お子さまには経験はないかもしれませんが、印鑑を押していると自然に覚えることです。問題としてはスタンプの図形と左右対称になった図形、鏡図形を選ぶことになるので、小学校受験で言うと図形分野の鏡図形の問題となっているわけです。理屈がわかっていればほとんど考える必要もなく、すぐに答えがわかってしまう問題なので、むしろそういった常識のあるなしを知ろうとしている問題と言えるかもしれません。

【おすすめ問題集】
Ｊｒ・ウォッチャー48「鏡図形」

問題17　分野：推理（女子）

〈解答〉　下図参照

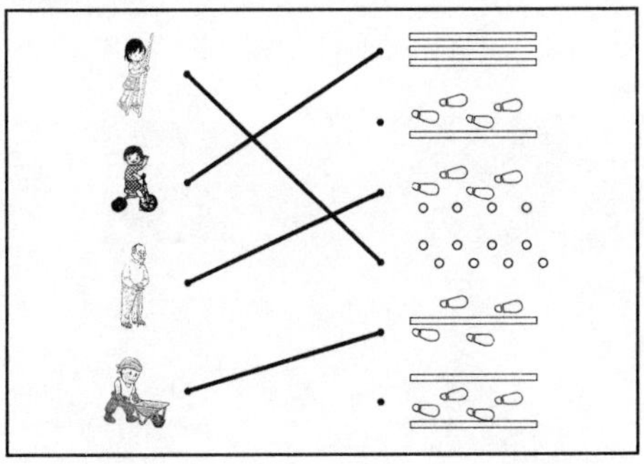

あまり出題されることはありませんが、足跡や轍（車の通った跡）を推理する問題です。スタンプの問題と同じく、理屈がわかっていればそれほど難しい問題ではありませんが、ふだんの生活での経験がなければ難しい問題になってしまいます。答えを考える上で守って欲しいのは「何となく」で答えを決めないこと。「～だから、これが～の足跡」と理由を言えるようにしておきましょう。直感でも正解することはできるとは思いますが、それだと見返しても勘違いや見落としに気づけません。

【おすすめ問題集】
Ｊｒ・ウォッチャー31「推理思考」

問題18　分野：推理（ブラックボックス）（女子）

〈解答〉　①○：2　②○：9

あるものが箱を通ると、違うものになったり、個数が変化するというものを小学校受験では「ブラックボックス」と言います。実際の問題では、「あるものが増える（減る）」という形のブラックボックスが使われることが多く、この問題のように「リンゴからバナナに変って、しかも数も変わる」といった複雑なものはあまり見ません。ブラックボックスが複雑である代わりに、ここではブラックボックスの数自体が少なくなっているので、順を追って考えれば混乱することはないでしょう。時間も比較的ある問題なので、落ち着いて解答してください。

【おすすめ問題集】
Ｊｒ・ウォッチャー32「ブラックボックス」

問題19　分野：常識（生活）（女子）

〈解答〉　○：バケツ、やかん、ペットボトル、じょうろ

生活に関する常識問題です。こうした問題は知識というよりは、生活での経験のあるなしを知ろうとした問題と考えてください。なかなか学校からは知ることの難しい、ふだんの暮らしぶりや家庭での過ごし方までを知ろうとしているわけです。もちろん、面接や口頭試問でも直接聞かれたりはしますが、なかなかそこでありのままを聞くことはできないので、折に触れてこうした問題が出題されるのです。それだけに、ほかの分野に比べ注目度は高く、見かけよりは重要な問題になっていることがあります。注意して取り組んでください。

【おすすめ問題集】
Ｊｒ・ウォッチャー12「日常生活」

問題20　分野：常識（理科）（男子）

〈解答〉　①○：スズムシ、セミ　②○：カマキリ、カブトムシ、テントウムシ

理科的常識を問う問題です。虫としてはよく出題されるものが多いので、名前や基本的な性質やよく見かける季節、変態するものについては幼虫の時の姿などは知っておいた方がよいでしょう。なかなか実際に見る機会がなければ動画、図鑑などでその姿を見せるようにしておいてください。もっとも、こういった問題で必要なのは年齢相応の知識なので前述したような「変態」といった難しい言葉を覚える必要はありません。お子さまが興味を持てば別ですが、出題されそうなことを中心にお子さまに教えておけば充分です。

【おすすめ問題集】

Ｊｒ・ウォッチャー11「いろいろな仲間」、27「理科」、55「理科②」

問題21　数量（一対多の対応）（女子）

〈解答〉　○：４

ノウハウとしては３種類のもののうち１番少ないもの見つけて、そのまま答えにするという方法があります。ここでのセットは「花２本、花瓶、敷物」ですが、このうち１番数の少ない、「花２本」の数がそのまま答えになるわけです。これらをセットごとに○で囲んでいくという方法もありますが、ものの配置によって囲みにくく、かえって混乱することもあるので止めておいた方がよいでしょう。また、以上はノウハウに過ぎないのでやり方だけを覚えてもあまり意味はありません。将来の学習につながるように「なぜそうなるのか」を保護者の方は必ず説明するようにしてください。

【おすすめ問題集】

Ｊｒ・ウォッチャー42「一対多の対応」

問題22　分野：行動観察（男子・女子）

〈解 答〉　省略

例年とあまり変わらない内容ですが、今年度は声を出さない、歌わない、接触をできるだけしないといった点で配慮されています。評価されるポイントは従来どおりの指示を「聞く」「理解する」「行動する」ということです。お子さまがそのいずれかが苦手であれば、工夫しながらその練習の機会を作るようにしてください。例えばお手伝いをさせてみる、集団で行動する機会が少ないようなら、Webのそういったものに合わせて歌ってみるといったことでよいでしょう。どうしてもお子さま同士のコミュニケーションが少なくなる昨今ですから、保護者の方が意識してそういった機会を設けるようにしてください。こうした課題にはコミュニケーション能力が必要です。

【おすすめ問題集】
新運動テスト問題集、Ｊｒ・29「行動観察」

問題23　分野：口頭試問（男子・女子）

〈解 答〉　省略

変わったことを聞かれるということものないので、特に準備は必要ないでしょう。逆に準備をしすぎていると、見当違いのことを言ったり、想定外の質問に慌ててしまうことがあるので、「聞かれていることを理解する→それに沿った答えを言う」ということだけを意識していればよいのです。後追いの質問、例えば「それはどうしてですか」という質問にも同じ対応で臨んでください。つまり、相手の質問を聞き、素直にそれに沿った答えを言いましょう。学校側が臨んでいるのはこれから教育する上でできるだけ問題のない、素直な子どもです。

【おすすめ問題集】
新口頭試問・個別テスト問題集

〈広島大学附属東雲小学校〉

◎学習効果を上げるため、前掲の「家庭学習ガイド」をお読みになり、各校が実施する入試の出題傾向をよく把握した上で問題に取り組んでください。
※冒頭の「本書ご使用方法」「本書ご使用にあたっての注意点」も併せてご覧ください。

2022年度の最新問題

問題24　分野：お話の記憶（女子）

〈準備〉　鉛筆

〈問題〉　（問題の絵はお話を読み終わってから渡す）
お話をよく聞いて、後の質問に答えてください。
「昨日は丸いふわふわしたものが降っていたのに、今日は雪ダルマがまぶしそうだね。」と、リスくんが言いました。リスくんのお母さんは、「そういえば、クリスマスツリーに飾る赤い実が無いから、探して取ってきてくれる？」とリスくんに言いました。「わかった。探してくるね。」と言って、リスくんは山へ赤い実を探しに行きました。山で赤い実を探していると、友達のネズミくんに会いました。ネズミくんは、暖かそうなマフラーをして帽子を被っていました。ネズミくんがリスくんに「何をしているの？」と聞くと、「ツリーに飾る赤い実を探しているんだよ。」とリスくんは答えました。ネズミくんは、「僕と一緒だね。」と答えたので、「君もツリーに飾る赤い実を探しているのかい。じゃ、一緒に探そう。」と言いました。けれどもなかなか見つからないので、リスくんが「手分けをして探そう。」と言いました。「そうだね。僕はこっちに行くから、リスくんはあっちを探してみてくれるかな。」とネズミくんが言いました。しばらく探していると、ネズミくんは赤い実が沢山落ちているところを見つけました。「わぁ。いっぱいあるなぁ。」と言った後、ネズミくんはリュックサックに、落ちていた赤い実を全部詰め込みました。ネズミくんが元の場所に戻ると、リスくんが「君は、いくつ見つけたの？」と聞いてきたので、「ひとつだけだよ。」と答えると、「僕はふたつ見つけたから、ひとつ君にあげるよ。」とリスくんが言いました。ネズミくんは、「えっ？いいの？」とびっくりした顔をしました。リスくんは、「はい、どうぞ。」と、赤い実をひとつネズミくんの手に渡しました。ネズミくんは、もらった赤い実をじいっと見ていました。

①赤い実を採りに行った時の天気はどれですか。○をつけてください。
②ネズミくんが身に着けていたものはどれですか。○をつけてください。
③リスくんから赤い実をもらった時のネズミくんの顔はどれですか。○をつけてください。

〈時間〉　各20秒

家庭学習のコツ③　効果的な学習方法～問題集を通読する

過去問題集を始めるにあたり、いきなり問題に取り組んではいませんか？　それでは本書を有効活用しているとは言えません。まず、保護者の方が、すべてを一通り読み、当校の傾向、ポイント、問題のアドバイスを頭に入れてください。そうすることにより、保護者の方の指導力がアップします。また、日常生活のさまざまなことから、保護者の方自身が「作問」することができるようになっていきます。

問題25　分野：お話の記憶（男子）

〈準備〉　鉛筆

〈問題〉　（問題の絵はお話を読み終わってから渡す）
お話をよく聞いて、後の質問に答えてください。
動物幼稚園のみんなで、遠足に行きました。お昼の時間になったので、フクロウくんはツバメさんと一緒にお弁当を食べました。フクロウくんのお弁当箱は、赤くて丸い形です。お弁当を食べ終わった後、幼稚園のクマ先生が「今日から新しいお友達がやってきました。ペンギンさんですよ。」と、紹介してくれました。みんなは、新しいお友達に質問をしたいと思いました。「あなたは空を飛べるの？」と質問しました。ペンギンさんは、「飛べないよ。」と答えました。それを聞いて、みんなは残念そうな顔をしました。するとペンギンさんは、思い出したように「空は飛べないけれど、海の中を泳いだり、潜って魚を獲ったりすることはできるよ。」と言ったので、みんなは「すごい。」と言って、拍手をしました。

①フクロウくんのお弁当箱の色と同じものはどれですか。○をつけてください。
②このお話に出てきた生き物に○をつけてください。
③最後にペンギンくんは、どんな顔だったと思いますか。△をつけてください。

〈時間〉　各20秒

問題26　分野：積み木（男子・女子）

〈準備〉　ゼッケン（腰あたりの左部分のひもだけ、保護者が結ぶよう指示があります。）
積み木

〈問題〉　（問題26のお手本を見せる）
お手本と同じように、積み木を置いてください。

〈時間〉　２分

問題27　分野：行動観察（男子・女子）

〈準備〉　マット・ドミノ（B6サイズの厚み１cmのものを８枚）・円卓・テープ

〈問題〉　この問題の絵はありません。
（１グループ４名、円卓４か所に分かれ、４グループ一斉にスタート）
お友達と力を合わせて、ドミノを並べましょう。上履きを脱いで、マットに上がり、正座をして行います。自分の前にあるドミノを、目の前の円卓の、テープの周りに沿って並べていきます。先生から「やめ」と言われるまで続けてください。最後に、ドミノを倒す人は先生が決めます。最後は、全員でドミノを片づけます。

〈時間〉　適宜

家庭学習のコツ④　効果的な学習方法～お子さまの今の実力を知る

１年分の問題を解き終えた後、「家庭学習ガイド」に掲載されているレーダーチャートを参考に、目標への到達度をはかってみましょう。また、あわせてお子さまの得意・不得意の見きわめも行ってください。苦手な分野の対策にあたっては、お子さまに無理をさせず、理解度に合わせて学習するとよいでしょう。

問題28　分野：行動観察（男子・女子）

〈準備〉　学校からの連絡事項の書かれたプリント

〈問題〉　この問題の絵はありません。
（お子さまから、保護者の方へプリントを渡してもらいます。）
「どうぞ」の号令があったら、プリントを渡しましょう。大切なプリントなので、両手で渡しましょう。

〈時間〉　適宜

問題29　分野：運動（男子・女子）

〈準備〉　マット・ゴム段

〈問題〉　この問題の絵はありません。
（１グループ４名）
①先生のお手本通りに、準備運動をします。（屈伸、足首回し、ジャンプ）
②先生のお手本通りに、ゴム段くぐり、マットの飛び越えを、「やめ」の合図があるまで、続けてください。ゴム段をくぐるときに、ゴムを手で持ってはいけません。

〈時間〉　適宜

2021年度以前の問題

問題30　分野：お話の記憶（男子）

〈準備〉　鉛筆

〈問題〉　（問題の絵はお話を読み終わってから渡す）
お話をよく聞いて、後の質問に答えてください。
タヌキさんとキツネさんとウサギさんが仲良く本を読んでいると、眠くなってしまいました。夢の中の不思議な島で遊んでいると、３匹は、白いひらひらしたものが飛んでいるのを見かけました。しばらくすると、空が段々と暗くなってきました。木の下の近くでクマさんが、「お友だちがいないよ。エーンエーン」と泣いているのが、見えました。３匹がクマさんのところへ行って、「友達になろう」と声を掛けると、曇っていた空が晴れました。４匹は、仲良く遊びました。

①お話に出てきたものに○をつけてください。
②クマさんは木の下でどんな顔をしていましたか。△をつけてください。
③お話の最後に天気はどうなりましたか。○をつけてください。

〈時間〉　各15秒

［2021年度出題］

問題31　分野：お話の記憶（女子）

〈準備〉　鉛筆

〈問題〉　（問題の絵はお話を読み終わってから渡す）
お話をよく聞いて、後の質問に答えてください。
ある日、さっちゃんは、おばあちゃんの家へ手紙を届けに行くことになりました。おばあちゃんの家までは、電車に乗って行くことにしました。さっちゃんが電車に乗ると、１つ席が空いていました。その席に座っていると、２つ目の駅で大きなリュックサックを背負い、杖を突いたおばあさんが乗ってきました。もう１つ別に空いている席がありましたが、そのうちに、傘を持ったお姉さんが座ってしまいました。空いている席がなくなったので、さっちゃんはおばあさんに席を譲ろうと思いましたが、恥ずかしくて声を掛けられませんでした。電車が動き出すと、おばあさんは転びそうになりました。さっちゃんは、勇気を出しておばあさんに席を譲ることにしました。さっちゃんは、「どうぞ」と言って、席を譲りました。おばあさんは席に座った後、「ありがとう」と言いました。さっちゃんは、うれしくなりました。さっちゃんは、３つ目の駅で電車を降りました。電車を降りると、目の前にケーキ屋さんがありました。ブドウのケーキやリンゴのケーキがたくさん売られていて、とても美味しそうでした。ケーキ屋さんを通りすぎると、おばあちゃんの家に着きました

①お話の季節と同じ季節の絵に△をつけてください。
②おばあさんが持っていたものに○をつけてください。
③さっちゃんがおばあさんに席を譲った時の顔に○をつけてください。

〈時間〉　各15秒

［2021年度出題］

問題32　分野：図形（回転図形）（男子・女子）

〈準備〉　あらかじめ問題32-１の上部にある絵（〇などの記号の書かれた四角）を枠線に沿って切り抜いておく。

〈問題〉　①（準備したカードと32-１の絵を渡して）左の絵が回って右の絵のようになりました。〇や△のカードはどこにどのように入りますか。カードを置いてください。
②（準備したカードと問題32-２の絵を渡して）同じようにこの絵にもカードをおいてください。

〈時間〉　①30秒　②1分

［2021年度出題］

問題33　分野：運動（男子・女子）

〈準備〉　ビニールテープ（赤）
問題33の絵を参照してビニールテープを床に貼っておく。

〈問題〉　**この問題は絵を参考にしてください。**
①赤い〇を両足跳びで進んでください。
②橋（ビールテープで設置）を渡ってください。途中で「止まれ」と言ったら止まってください。

〈時間〉　適宜

［2021年度出題］

問題34　分野：行動観察（男子・女子）

〈準備〉　バイオリン曲の音源と再生機器、マット

〈問題〉　**この問題の絵はありません。**
①（音源を再生して）先生のお手本を見ながら真似をして踊ってください。
②（音源を再生して）自由に踊ってください

〈時間〉　各１分

［2021年度出題］

問題35　分野：お話の記憶（男子）

〈準備〉　鉛筆、クーピーペン（黄緑）

〈問題〉　（問題の絵はお話を読み終わってから渡す）
お話をよく聞いて、後の質問に答えてください。
オタマジャクシの兄弟は池に住んでいました。オタマジャクシのお兄ちゃんには、夢があります。弟が「どんな夢なの」と聞くと、「ぼく、カエルになりたいなあ。もしも、カエルになったら、人間の世界へ行って、旅をしたいなあ」と言ったので、「カエルになるのが楽しみだね」と弟は言いました。お兄ちゃんは、やっとカエルになりました。旅に出るお兄ちゃんに、「お兄ちゃん、旅から帰ってきたら、どんな世界だったか詳しく教えてね」と言って、送り出しました。「ミーン、ミーン」とセミが鳴いている季節に、お兄ちゃんは旅から帰ってきました。人間の世界での旅の話をしてくれました。「見たことのないものがいっぱいあったよ。４つのタイヤですごいスピードで走るものがあって、それを人間は車って言ってたんだよ。宇宙まで届きそうな高い建物があって、それを人間はビルって言ってたよ。ほかに、赤・黄・緑に変わるものもあったよ」と教えてくれました。いつの間にかそのお話を、外からトンボやチョウチョがいっしょに聞いていました。お兄ちゃんカエルは、「いつかぼくみたいに、人間の世界を見てきたら？」と言いました。

①お兄ちゃんが見た、４つのタイヤですごい速さで走るものは何ですか。鉛筆で○をつけてください。
②お兄ちゃんが帰ってきた時の季節の絵に、鉛筆で○をつけてください。
③お話の中に出てこなかった生きものに、黄緑色の△をつけてください。

〈時間〉　各15秒

[2020年度出題]

問題36　分野：お話の記憶（女子）

〈準備〉　鉛筆、クーピーペン（黄緑）

〈問題〉　（問題の絵はお話を読み終わってから渡す）
お話をよく聞いて、後の質問に答えてください。
今日は、いい天気。お姉ちゃんのゆめちゃんと弟のけんくんは、公園へ行って遊ぶことにしました。公園に着くと、２人は砂場に行きました。持ってきたじょうろで水をまいて、準備をします。ゆめちゃんは、プリンカップのバケツの中に、スコップで茶色い砂と白い砂を入れて、プリンを作りました。けんくんは、茶色い砂をたくさん集めて丸め、白い砂をかけて、きれいな泥だんごを作りました。それを見たゆめちゃんは、「いいな。その泥だんご、私にも作って」と言いました。けんくんは、「じゃあ、そのプリンちょうだい」と言いました。ゆめちゃんが、「いいよ」と言ったので、けんくんは、もう１つ泥だんごを作りました。「できたよ、はい」と、ゆめちゃんに渡そうとしたとき、手から泥だんごが転がり落ちて、穴の中に入ってしまいました。「この穴、掘ったの誰だ」と、けんくんが言うと、「私じゃないよ」と、ゆめちゃんが言いました。その時、強い風が吹いたので、けんくんはバランスを崩して穴の中に落ちてしまいました。そこには、泥だんごを持ったモグラがいました。「これ、君のかい」と、モグラがけんくんに聞きました。けんくんがうなずくと、「アリクイさんとミミズさんにも見せたいから、この泥だんごちょうだい」と、モグラが言ったので、「うん、いいよ」と答えました。「ありがとう！　その代わりに、このきれいな丸いものをあげるよ」と言って、けんくんに渡しました。「きらきら光っていて、きれいでしょう」と、モグラが言うと、また、強い風が吹いてきたので、けんくんは目を閉じました。目を開けると、元の場所に戻っていました。ゆめちゃんは、先に帰ってしまったようです。けんくんは、遊んだ道具を持って、家に帰ることにしました。その途中で、買い物帰りのお母さんに出会いました。お母さんは、けんくんの姿を見て、「まあ！どろんこね！」と言いました。「先に帰って、着替えるよ」と言って、走って帰ろうとしたとき、モグラからもらったものを落としました。お母さんが、「ちょっと待って」と言って、それを拾いました。「あら！これ、お母さんが子どもの頃になくしたものだわ。どうしてこんなところにあるのかしら」とたずねると、けんくんは、「ひみつ」と答えました。

①２人が作ったものに、黄緑色の○をつけてください。
②２人が砂場で使った道具に、黄緑色の○をつけてください。
③けんくんが穴に落ちて出会ったものに、黄緑色の△をつけてください。
④お母さんが子どもの頃になくしたものに、鉛筆で△をつけてください。

〈時間〉　各15秒

［2020年度出題］

問題37　分野：指示行動

〈準備〉　問題37－１、37－２の星を銀色に、ハートを桃色に塗っておく。問題37－２は形に沿って切り抜いておく。Ａ４サイズの紙を用意し台紙にする。

〈問題〉　お手本と同じになるように、飾り付けをしてください。

〈時間〉　30秒

［2020年度出題］

問題38　分野：行動観察（生活）

〈準備〉　①なわとび、帽子、本、道具箱
②フェルトボール（３個）、箸（子ども用）、蓋のついた箱、風呂敷

〈問題〉　この問題の絵はありません。
①片付け（男子）
（準備したものを机の上に置いておく）
机の上のものを道具箱に片付けてください。

②箸使い、風呂敷包み（女子）
フェルトボールを、箸で箱の中へ入れてください。入れ終わったら、箱に蓋をして、風呂敷で包みましょう。

〈時間〉　①30秒　②30秒（箸使い）、90秒（風呂敷包み）

[2020年度出題]

問題39　分野：行動観察（ゲーム）

〈準備〉　将棋の駒、将棋盤

〈問題〉　この問題の絵はありません。
（２つのグループに分かれて競争する）
将棋の駒を音を立てずに、取ってください。
（終わった後）
やってみてどうでしたか。

〈時間〉　１分

[2020年度出題]

問題40　分野：運動

〈準備〉　ドッジボール、カラーコーン、タンバリン、カスタネットなど

〈問題〉　この問題の絵は縦に使用にしてください。

①的あて
ボールを的に当てて、バウンドしたボールをキャッチしてください。
「やめ」というまで続けましょう。

②カラーコーン・タッチ
（はじめに手本を見せる。できるだけ低い姿勢でツーステップで進む。タッチする手はどちらでも可）
赤色の輪からスタートして、テープをジグザグに進んでください。できるだけ早くしましょう。

③スキップ
はじめのコーンから最後のコーンまでスキップでコーンの間を通ってください。途中、コーンがないところも、コーンがあるところと同じようにスキップしましょう。

④リズム体操
（「バン、バン、バン」というタンバリンの音や「タン、タタタン」というカスタネットの音が流れる）
リズムに合わせて、自由に踊ってください。

〈時間〉　①30秒　②20秒　③20秒　④30秒

［2020年度出題］

問題41　分野：お話の記憶（男子）

〈準 備〉　鉛筆、クーピーペン（黄緑）

〈問 題〉　（問題の絵はお話を読み終わってから渡す）
お話をよく聞いて、後の質問に答えてください。
今日、花子さんは、お父さんとお母さんといっしょに動物園に行きました。天気は晴れでした。みんなで元気よく、車に乗って出かけました。動物園に着いて、最初にピンクの鳥を見ました。お父さんが、「あの鳥が１本足で立っているのは、１本ずつ休憩させるためだよ」と教えてくれました。次に、羽をきれいに広げている鳥を見ました。お母さんは、「まあきれい。羽に宝石がいっぱい付いているみたいだわ」と言いました。また少し歩いて行くと、遊ぶことのできる広場があって、たくさんの遊具がありました。ジャングルジムで、同じ幼稚園の太郎くんが手を振っていました。太郎くんは、ジャングルジムを降りて花子さんのところまで来て、「ねえ、あっちへ行こう。ゾウがいるよ」と言って、花子さんの手を引っ張りました。２人がゾウを見ていると、花子さんのお父さんとお母さんも来ました。太郎くんが、「見て、首の長い動物がいるよ」と、花子さんに言いました。そして、みんなで太郎くんが指さしている方を見ました。花子さんが、「あの動物の背中に乗ったら気持ちいいだろうな」と言うと、お父さんが、「ゾウに乗っている人は見たことあるけど、あの動物の背中に乗っている人は見たことないな」と、笑って言いました。花子さんは、「この動物園で、１番重いのはゾウだけど、１番首が長いのはキリンだね」と言いました。

①太郎くんが、遊んでいたものに、鉛筆で○をつけてください。
②動物園で、花子さんが見た鳥に、鉛筆で○をつけてください。
③花子さんが背中に乗ってみたいと言った動物に、クーピーペンで△をつけてください。

〈時 間〉　各15秒

［2019年度出題］

問題42　分野：お話の記憶（女子）

〈準 備〉　鉛筆、クーピーペン（黄緑）

〈問 題〉　（問題の絵はお話を読み終わってから渡す）
お話をよく聞いて、後の質問に答えてください。
まいちゃんは、幼稚園の遠足で海に行きました。砂浜にはたくさんの岩があって、びっくりしました。まいちゃんは近くに落ちていた木の枝で、岩の中を触ってみました。すると、ハサミのある小さな生きものが出てきました。急いで捕まえようとすると、さっと岩の奥に、隠れてしまいました。近くで遊んでいたお友だちのたかしくんが、まいちゃんを呼びました。まいちゃんが、たかしくんのところへ行くと、海の潮だまりにたくさんの魚が泳いでいました。たかしくんが、水をすくって捕まえようとすると、魚たちは泳いで逃げてしまいました。たかしくんは、１匹も捕まえることができませんでした。とても悲しそうでした。しばらくすると、２人のところへ、まいちゃんの妹が貝殻を持ってやって来ました。砂浜で貝殻拾いをしていたようです。まいちゃんの妹が、「この貝殻が好き。だってカスタネットみたいだから。この貝殻も好き。だってソフトクリームみたいだから」と言いました。まいちゃんは、「だって食いしん坊だもんね」と言いました。

①岩の中にいた生きものに、鉛筆で○をつけてください。
②まいちゃんがたかしくんに呼ばれて見たものに、鉛筆で○をつけてください。
③まいちゃんの妹が持って来たものに、クーピーペンで△をつけてください。

〈時 間〉　各15秒

［2019年度出題］

問題43　分野：生活巧緻性（男子・女子）

〈準 備〉　水の入ったバケツ、雑巾（１枚）、机

〈問 題〉　この問題の絵はありません。
雑巾を絞って、机を拭いた後、手を洗ってから干してください。

〈時 間〉　２分

［2019年度出題］

2023年度　広島県版　国立小学校　過去　無断複製／転載を禁ずる　日本学習図書株式会社

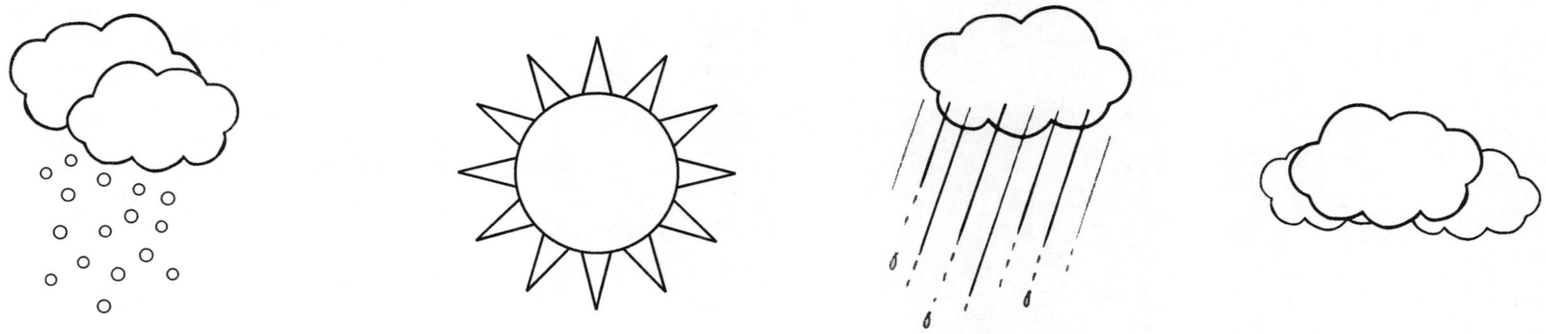

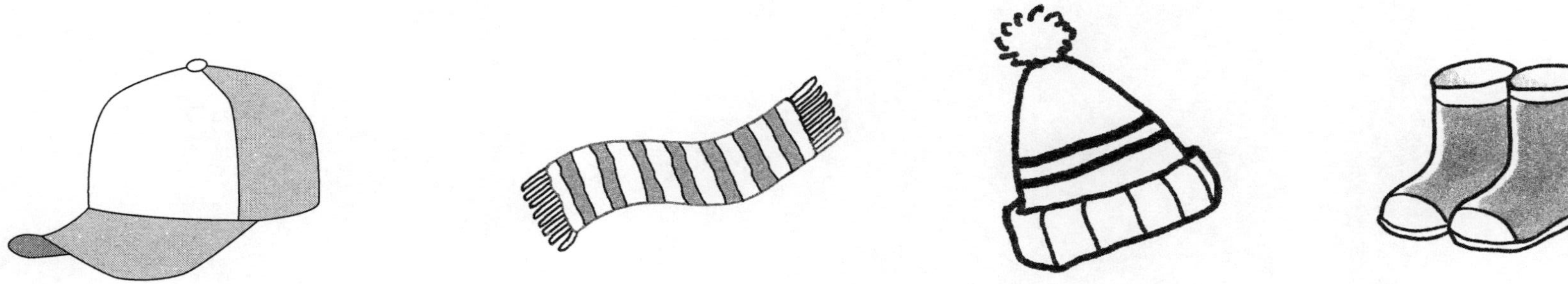

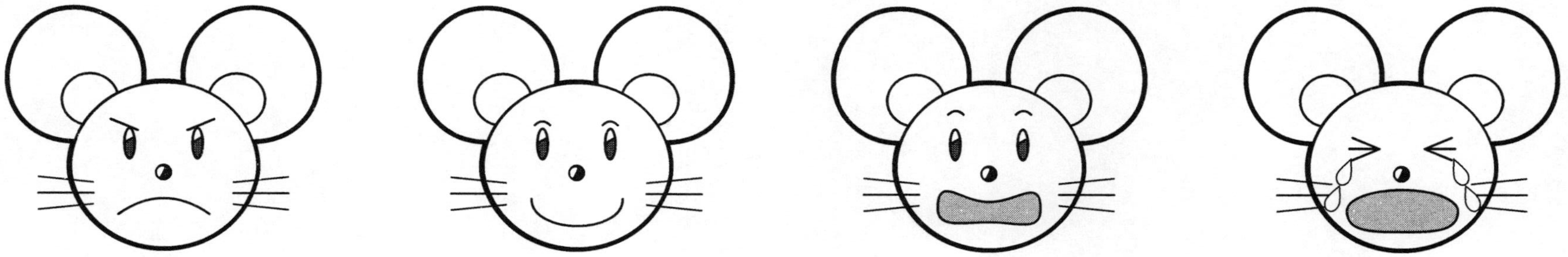

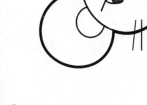

①

②

③

日本学習図書株式会社

2023年度 広島県版 国立小学校 過去 無断複製／転載を禁ずる

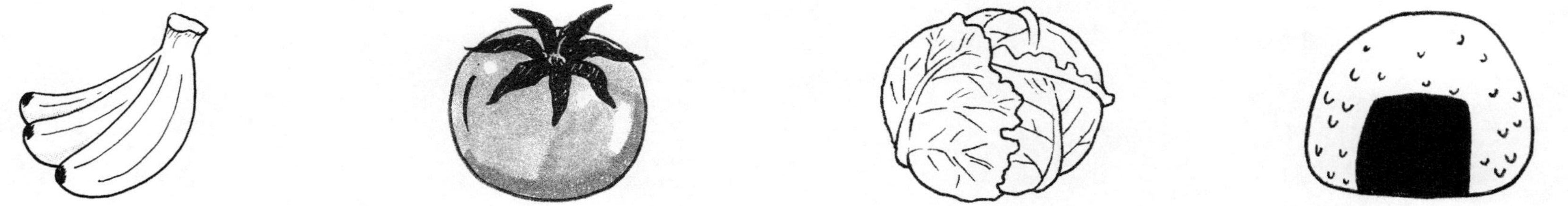

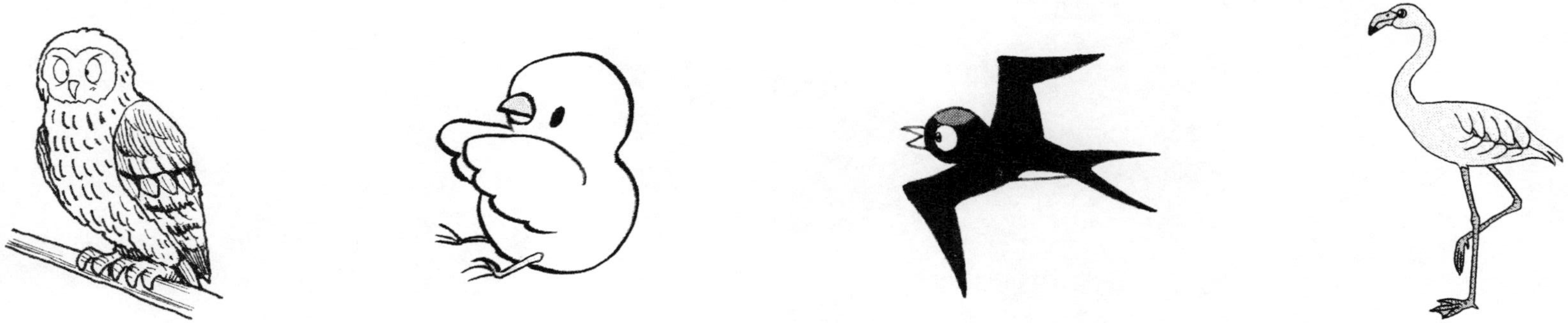

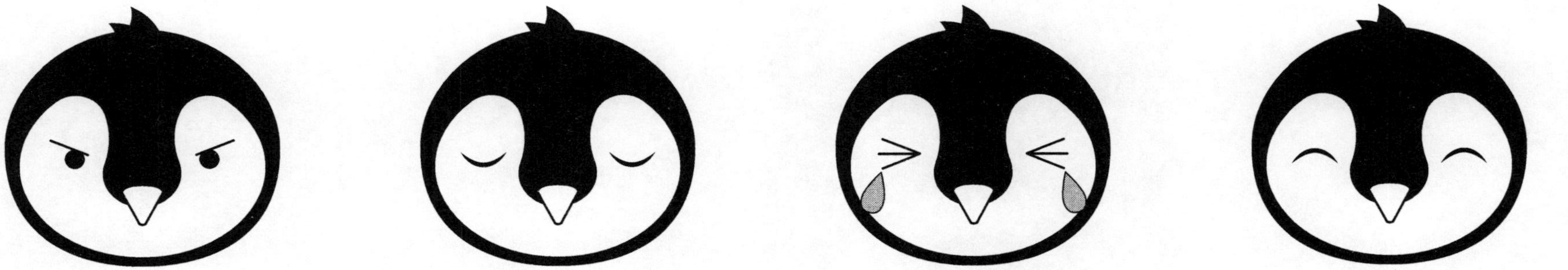

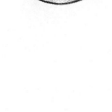

問題２６

①

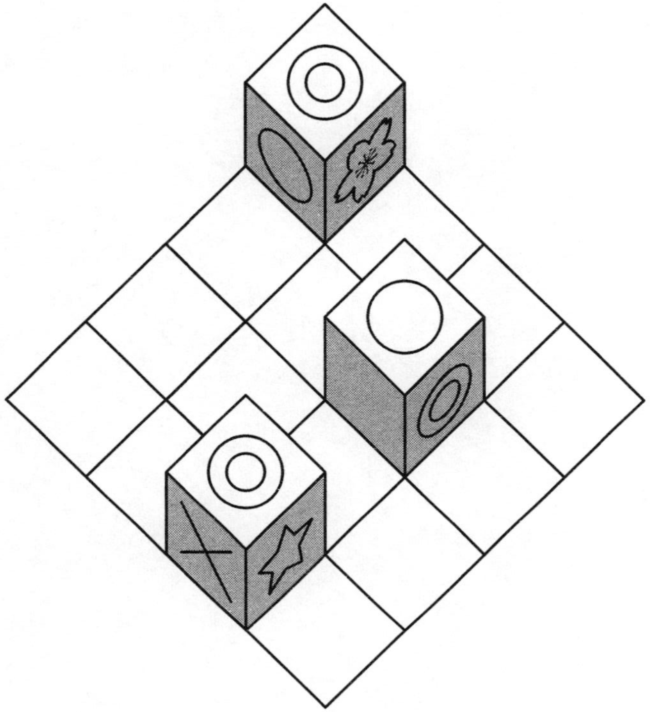

②

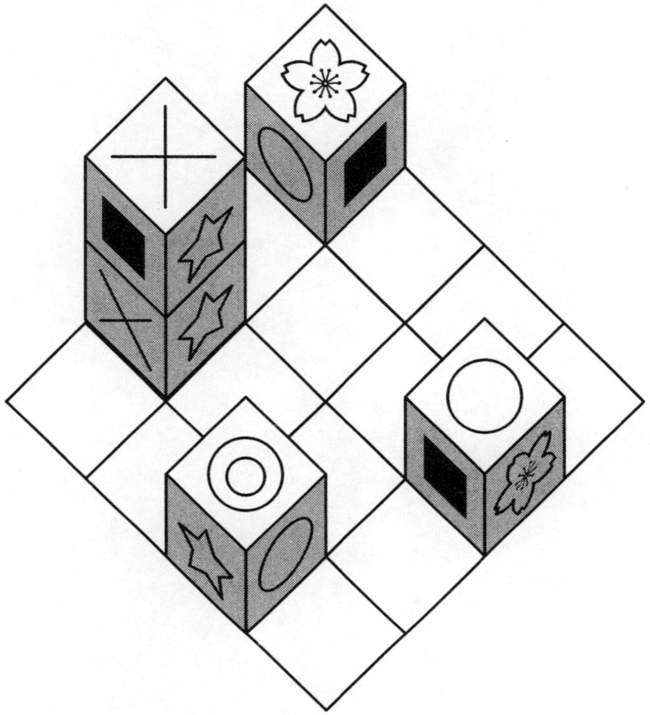

問題30

①

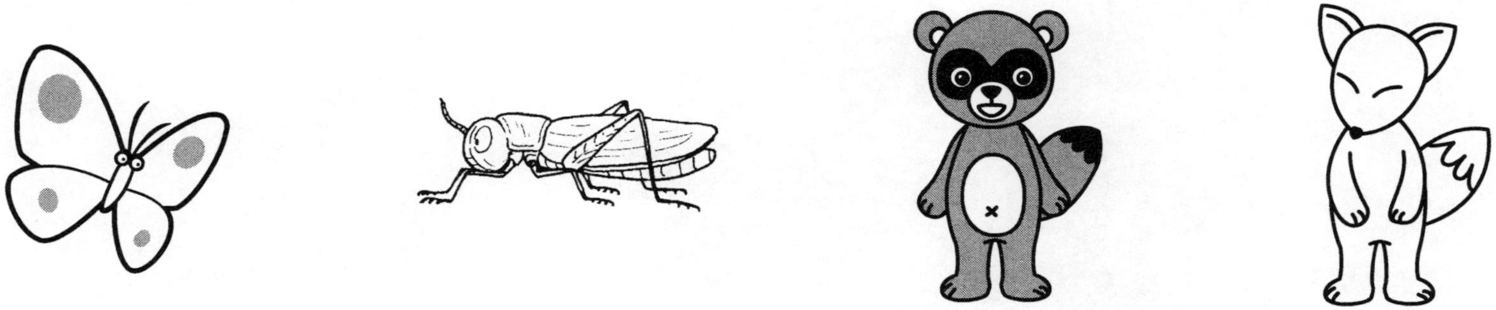

②

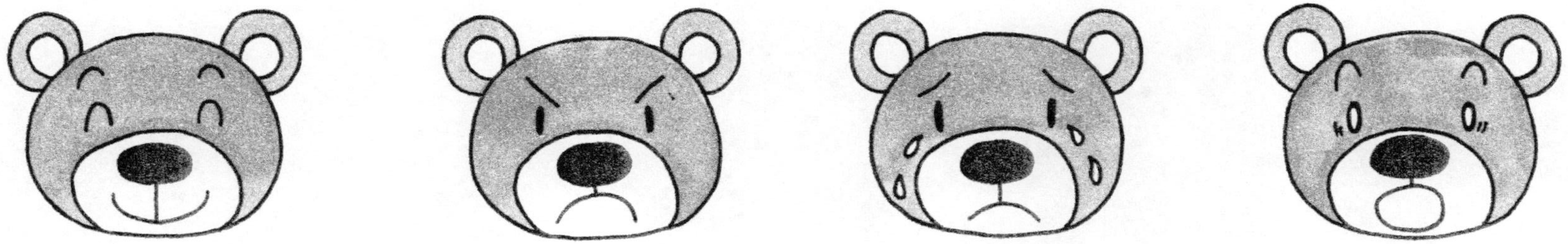

③

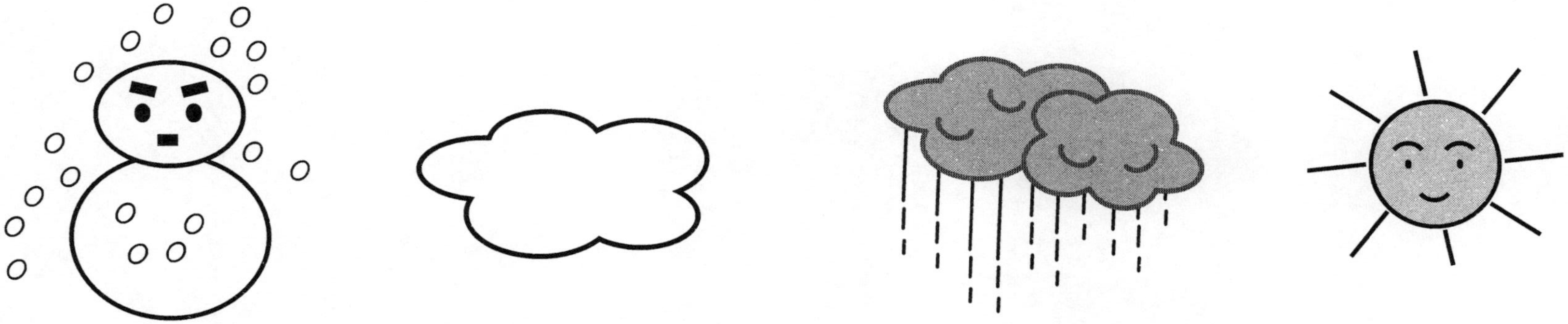

☆広島大学附属東雲小学校

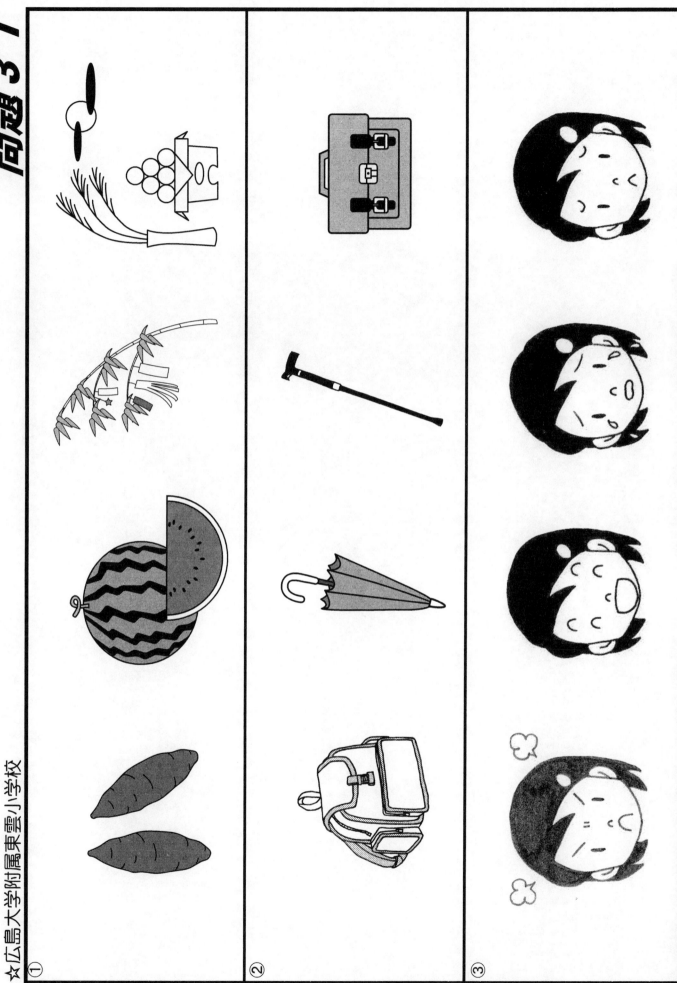

問題３１

①

②

③

問題３ ２－１

①

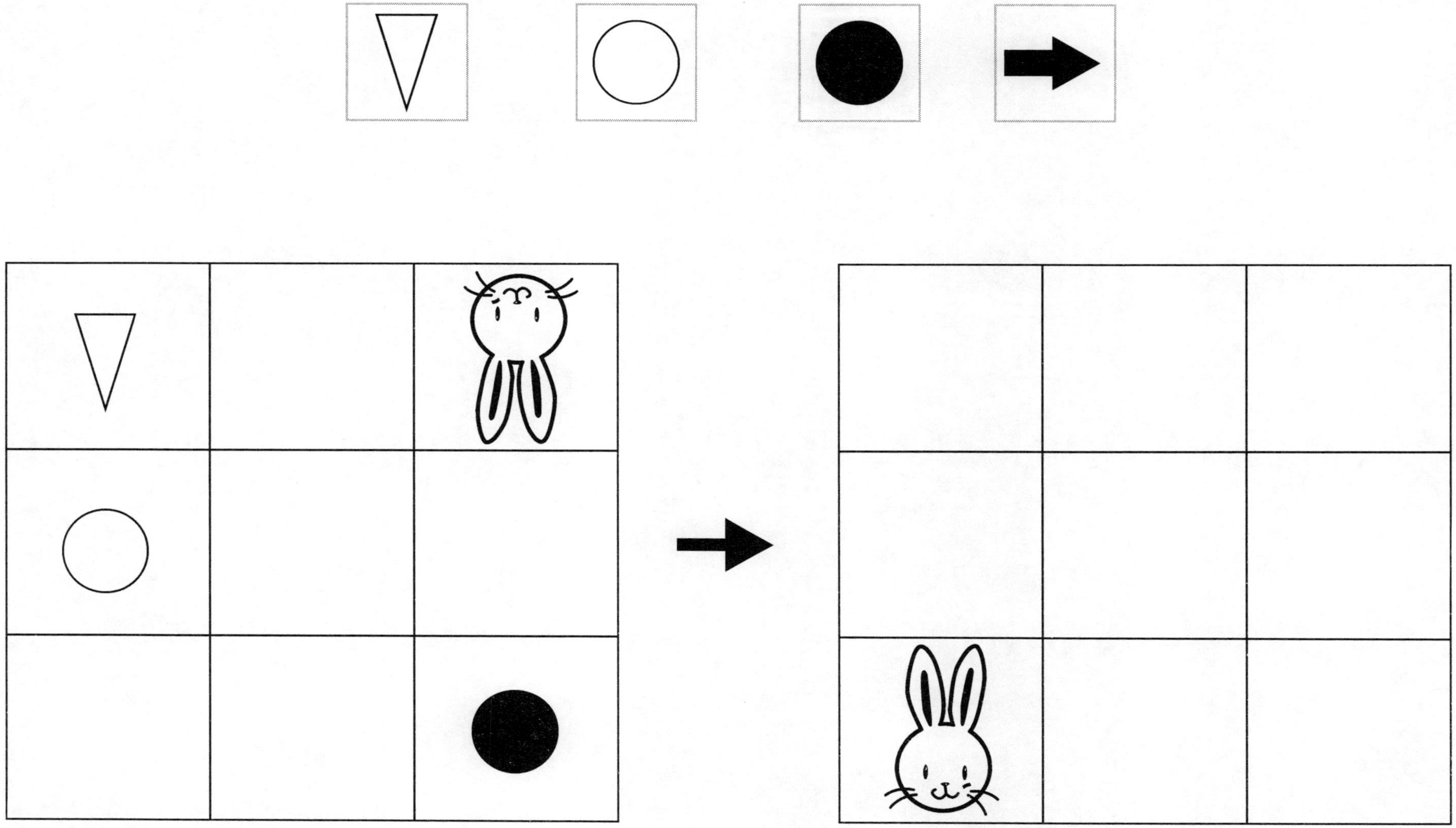

②

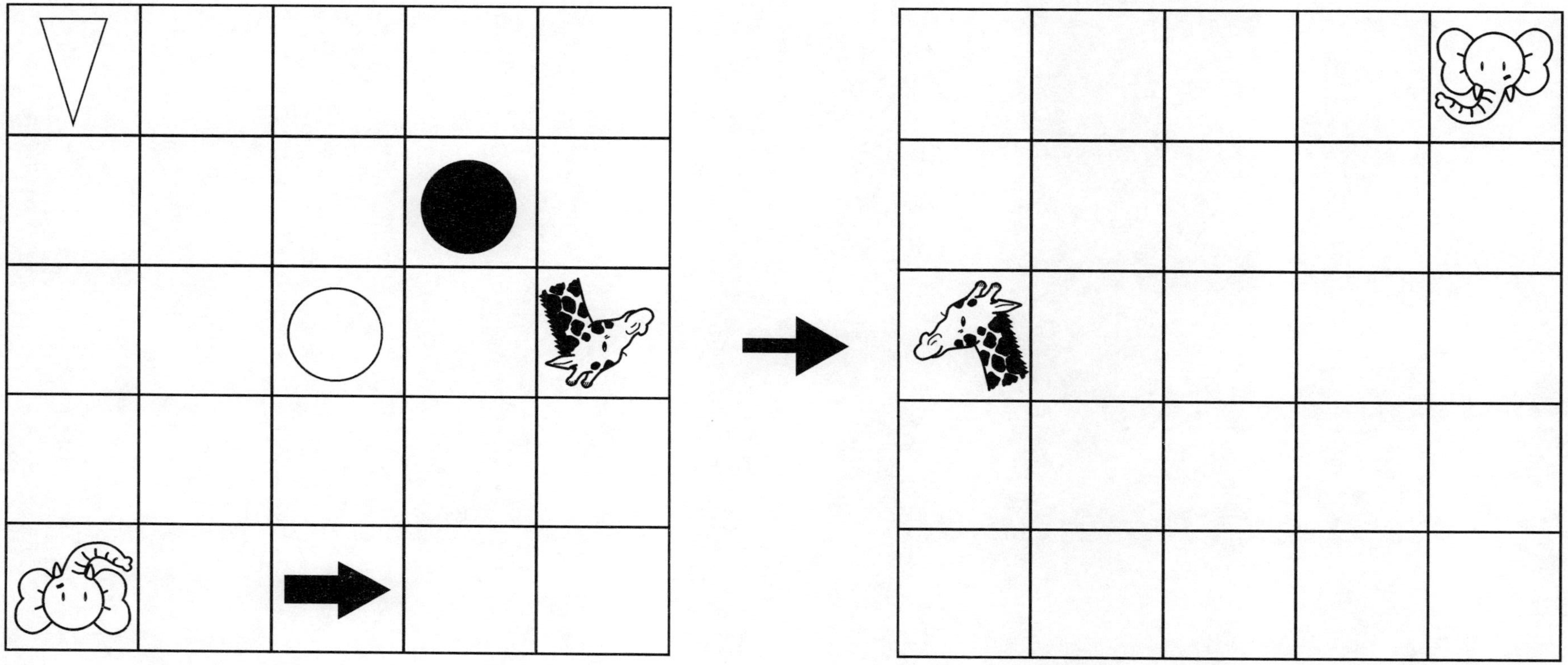

問題３３

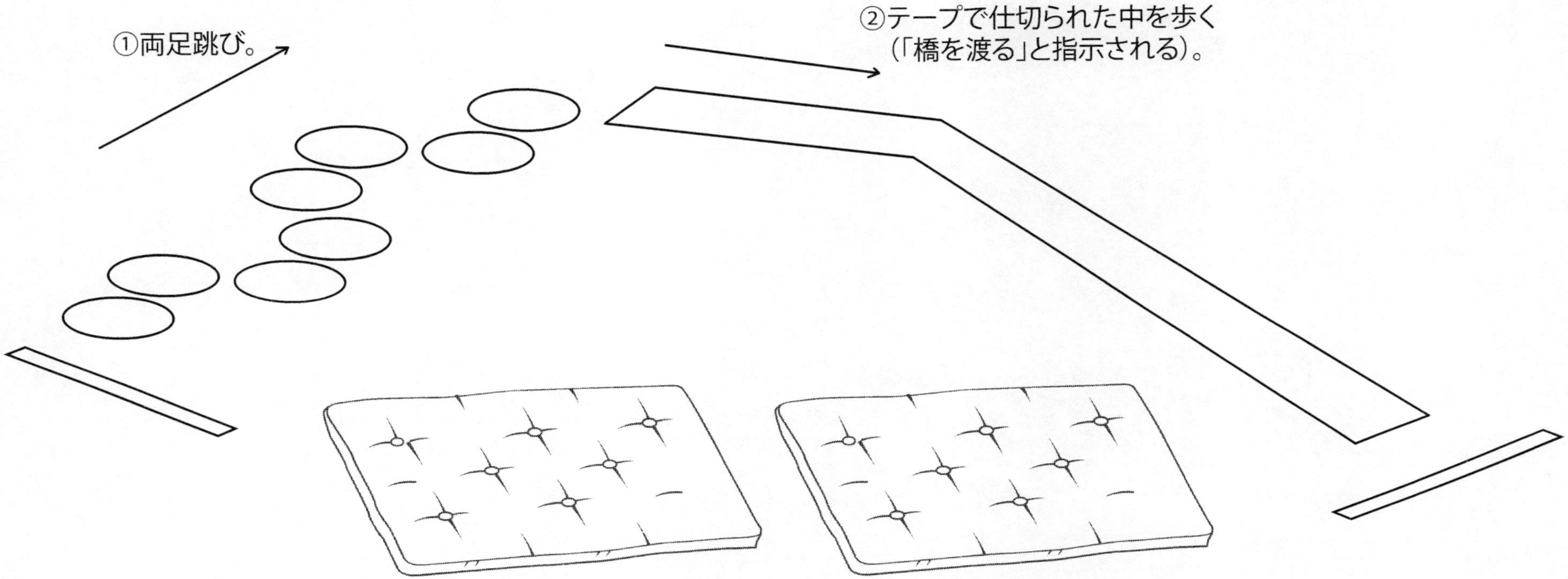
①両足跳び。
②テープで仕切られた中を歩く
（「橋を渡る」と指示される）。

☆広島大学附属東雲小学校

問題３５

①

②

③

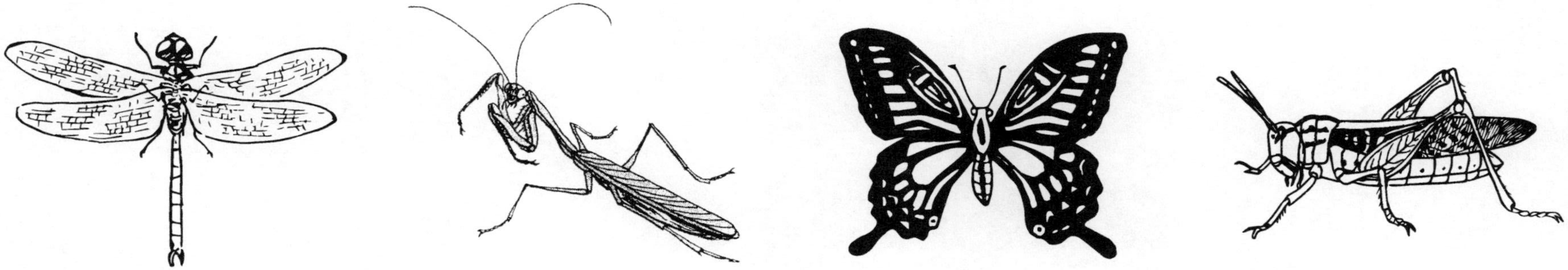

☆広島大学附属東雲小学校

問題３６

①

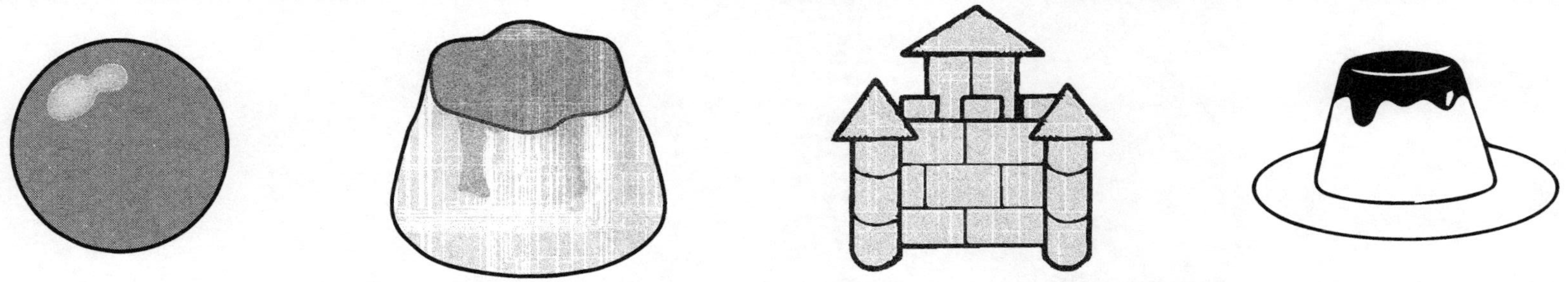

②

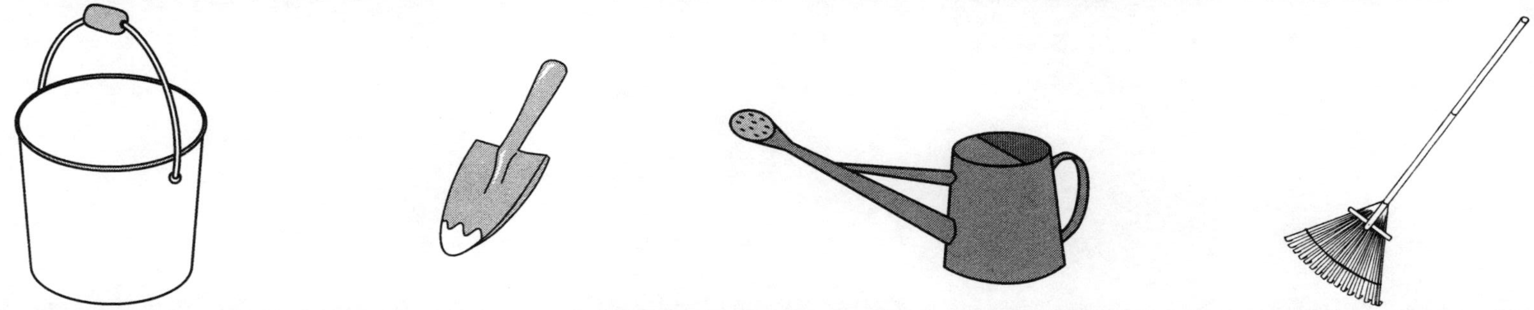

③

④

日本学習図書株式会社

問題37－1

〈おてほん〉

問題３７－２

問題４０

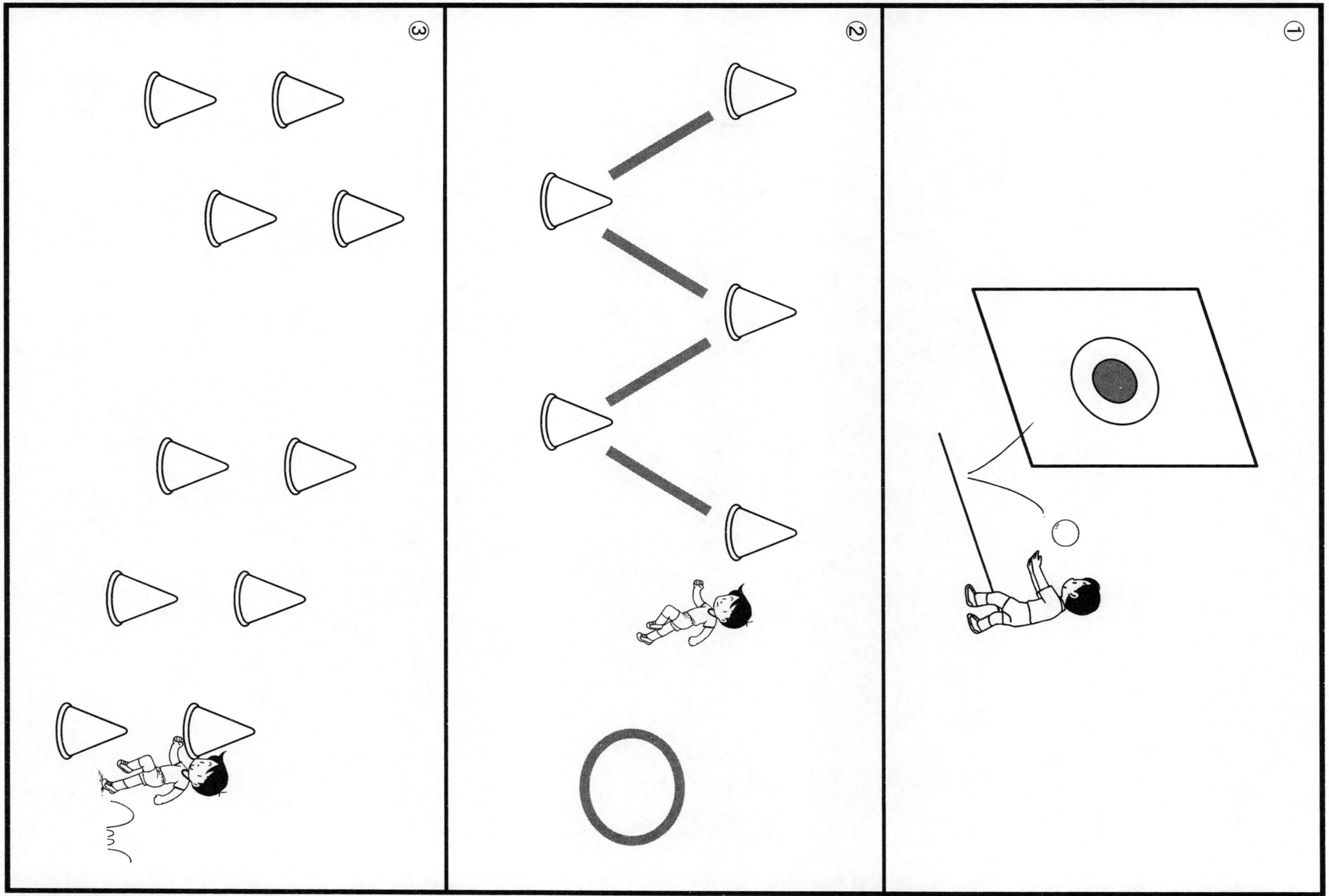

日本学習図書株式会社

☆広島大学附属東雲小学校

① ② ③

2023 年度 広島県版 国立小学校 過去 無断複製／転載を禁ずる 日本学習図書株式会社

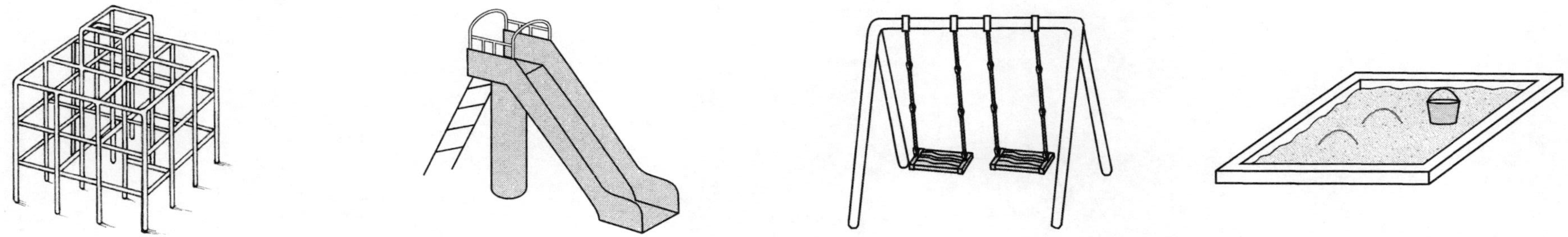

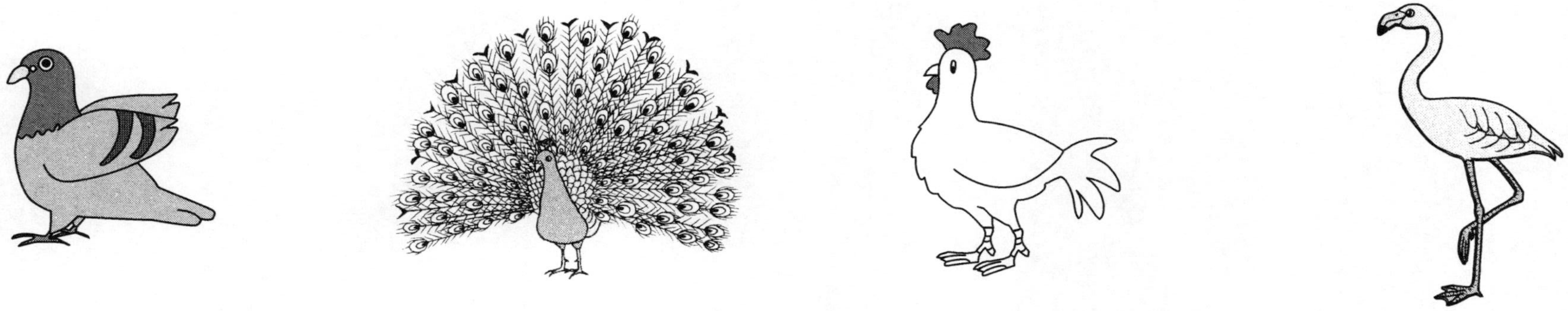

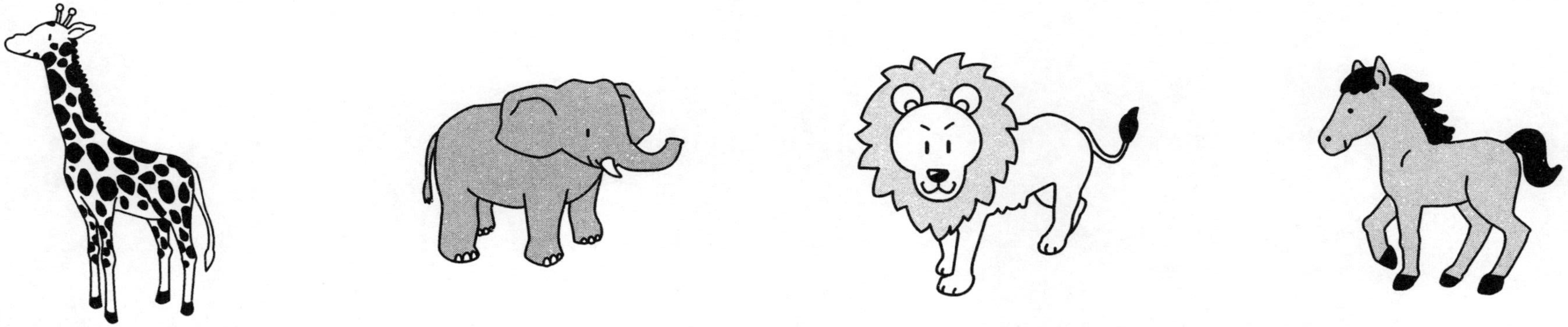

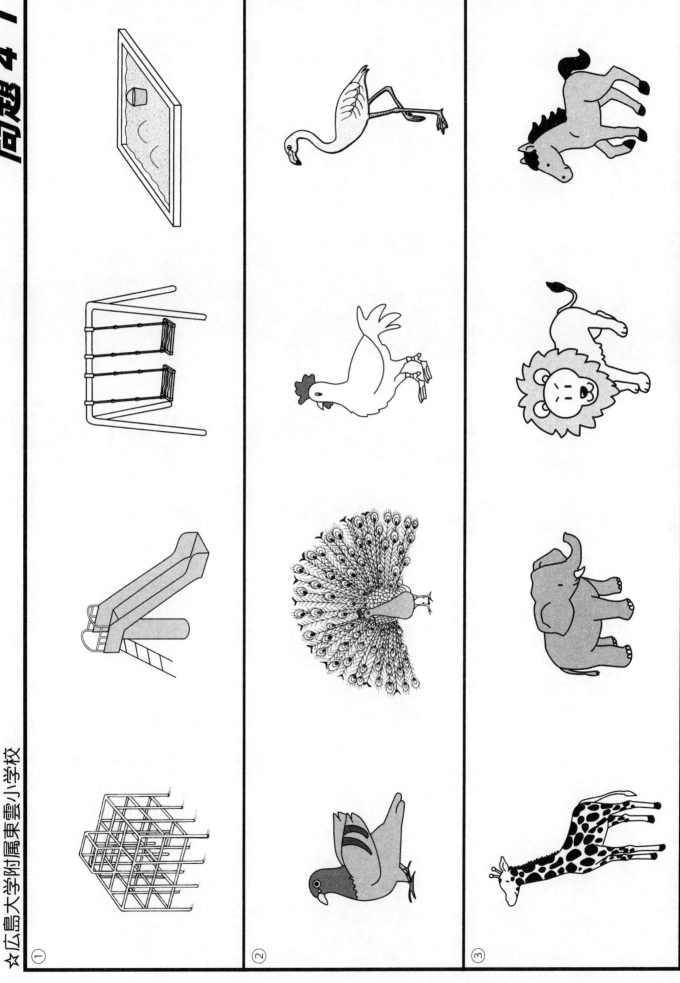

☆広島大学附属東雲小学校

問題４２

①

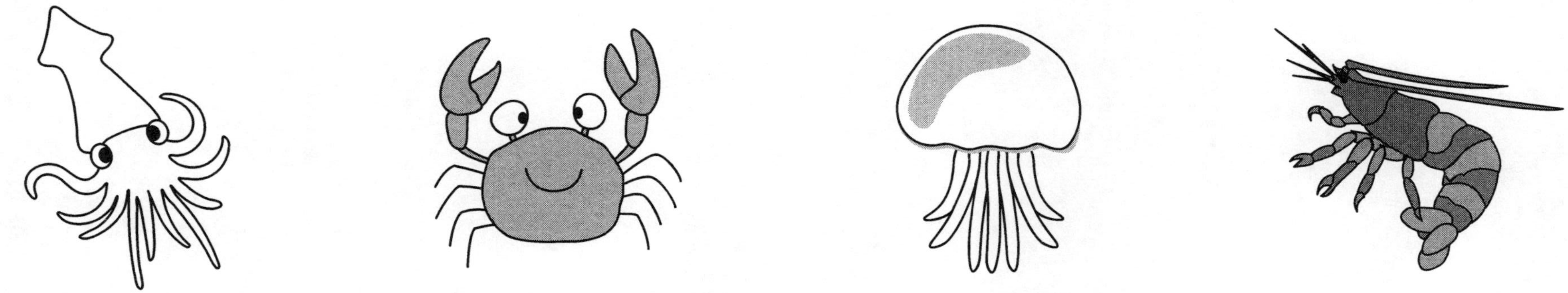

②

③

日本学習図書株式会社

2022年度入試
解答例・学習アドバイス

解答例では、制作・巧緻性・行動観察・運動といった分野の問題の答えは省略されています。こうした問題では、各問のアドバイスを参照し、保護者の方がお子さまの答えを判断してください。

問題24　分野：お話の記憶（女子）

〈解 答〉　①左から２番目　②左から２番目と右から２番目　③右から２番目

お話の中での会話が多く、リスくんが話しているのか、ネズミくんが話しているのか、主語がわからなくなるようなやや複雑な内容です。また、後半には、ズミくんのずるい面とリスくんの優しさ、そしてネズミくんが自分のしたことに対する反省を含んでいるので、お話としては深いものがあります。ただ、出題はさほど難しくはないので、落ち着いて取り組むことができれば問題ありません。出題されてはいませんが、最後ネズミくんがリスくんからもらった赤い実をじっと見つめていたことや、なぜ沢山拾ったことをリスくんに話さなかったのか、お子さまの考えを聞いてみましょう。

【おすすめ問題集】

1話5分の読み聞かせお話集①・②、お話の記憶問題集 初級編・中級編・上級編、Ｊｒ・ウォッチャー19「お話の記憶」

問題25　分野：お話の記憶（男子）

〈解 答〉　①左から２番目（トマト）　②左端（フクロウ）、左から２番目（ツバメ）
③右端（喜んでいる顔）

お話の記憶の中で、キーワードとして、登場人物・生きもの、順番、数、形、色、季節を意味する単語、移動などがあるかと思いますが、今回のお話はさほど複雑ではないので、しっかり聴き取りができたならば上記のようなキーワードは押さえることができたと思います。ただ③の問題では、特にペンギンさんの表情を示す表現はお話には出てこなかったので、お子さまご自身の経験などからの推測で解答することが求められています。また、この解答だけ三角形（△）で解答するよう指示があり、その指示を聞き逃すとつい丸（○）を書いてしまうこともあり、注意が必要です。

【おすすめ問題集】

1話5分の読み聞かせお話集①・②、お話の記憶問題集 初級編・中級編上級編、Ｊｒ・ウォッチャー19「お話の記憶」

問題26　分野：積み木（男子・女子）

〈解答〉　省略

この問題はグループごとに行われ、１グループ20名前後です。1人ずつ仕切りで区切られ、隣は見えないようになっています。４×４のマス目にさまざまな模様が描かれているものを、ひとつずつ方向を確認して、マス目も間違えないように置く必要があるので、かなり難問です。慌てず、サイコロの目がどのようになっているか確認して置いていきましょう。まずは天井に当たる面を見つけ、その状態のまま左右に動かしていき、正面・左の面など側面がお手本のようになれば、あとはマス目（座標）さえ間違わなければ大丈夫です。２段重なっているサイコロは、側面の形に注意して考えていきましょう。

【おすすめ問題集】
Ｊｒ・ウォッチャー10「四方からの観察」、16「積み木」、47「座標」、53「四方からの観察　積み木編」

問題27　分野：行動観察（男子・女子）

〈解答〉　省略

まずは、正座の練習をしましょう。昨今は椅子での生活様式が中心のため、正座のできないお子さまが増えていますが、受験をお考えであれば座布団などを用意し、時には正座のまま読み聞かせなども良いかと思います。ドミノを並べるにあたり、ひとりあたりの数は決まっているものの、並べる際にはお友だちが並べたものとの距離感、つまりドミノをつないで倒せるかを考えて並べる必要があります。自分で並べたものがうまく立っている、というだけではなく、お友だちの並べたドミノといかにつなげることができるかを考えながら取り組めるか、これも大きな要素になります。

【おすすめ問題集】
Ｊｒ・ウォッチャー29「行動観察」

問題28　分野：行動観察（男子・女子）

〈解 答〉　省略

最後の最後まで、行動観察がされています。たわいもないプリントを渡す様子ですが、小学校に通ってからは、学校と保護者の方への連絡は基本おたよりですので、お子さまがこのおたよりにあたるプリントを、いかにきちんと保護者の方に渡しているかは、学校にとってはかなり重要な項目のひとつでしょう。考査が終わりに近づき、お子さまはホッとして気持ちに乱れが出てくる時間かもしれません。家に戻るまでは、メリハリをつけて、最後までしっかり取り組むよう、指導が必要です。

【おすすめ問題集】

Ｊｒ・ウォッチャー29「行動観察」、30「生活習慣」

問題29　分野：運動（男子・女子）

〈解 答〉　省略

この問題は、「やめ」の合図まで続けることが大変なことかと思います。始めのうちはやる気満々で楽しく、また速く動けるでしょうが、何度も同じことの繰り返しなので、本人が疲れてくるだけではなく自分の前の志願者が段々遅くなることもあり、その際に顔に不満や急かす態度が表れないようにしないといけません。またひとつひとつの動きにも、そのたびにしっかりと止めの姿勢を示すことが肝心です。オリンピックの選手を思い浮かべていただくとお分かりになるかと思いますが、ひとつひとつの動作の締めをきちんとすることで、印象の度合いは、かなり違ってきます。

【おすすめ問題集】

Ｊｒ・ウォッチャー28「運動」、29「行動観察」

問題30　分野：お話の記憶（男子）

〈解 答〉　①（左から）チョウ、タヌキ、キツネ　②右から２番目　③右端

基礎というか初歩的な問題なので、確実に正解しておかないと合格できない問題です。注意するとすれば、①のように複数の答えがある設問ですが、これに気付かないとすれば、お話を聞くことに慣れていないとしか言いようがありません。とりあえずは読み聞かせを習慣にすることをおすすめします。解答の記号に△の指示が出ています。お話は最後までしっかり聴くようにしましょう。当校の入試は全体を通してそういう傾向ですが、よほど準備をしていないお子さまや家庭ぐらいしか、間違いようのない問題が出題されています。合格の意欲を見せるなら全問正解を目指したいところです。

【おすすめ問題集】

1話５分の読み聞かせお話集①・②、お話の記憶問題集 初級編・中級編、
Ｊｒ・ウォッチャー19「お話の記憶」

問題31　分野：お話の記憶（女子）

〈解 答〉　①△：（左から）サツマイモ、月見　②○：（左から）リュックサック、杖
③左から２番目

男子よりは難しい問題とは言え、やはり基礎問題なのでケアレスミスは禁物です。間違えてしまった時は、その原因がどこにあるのかを突き止めておきましょう。お話の覚え方が間違っているのなら、内容の整理の仕方を教え、注目するべきポイントを教える。ケアレスミスが多いのなら、問題の聞き方や答え方に注意して聞き取ることを教える、といったことです。なお、できた時には必ずほめるようにしてください。この年頃のお子さまの学習意欲というのはそこからしか出てこないものです。

【おすすめ問題集】

1話５分の読み聞かせお話集①・②、お話の記憶問題集 初級編・中級編、
Ｊｒ・ウォッチャー19「お話の記憶」

問題32　分野：図形（回転図形）（男子・女子）

〈解答〉　下図参照

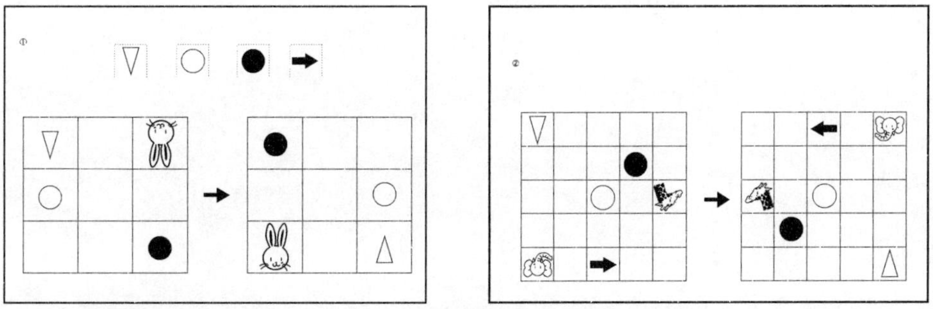

お子さまが戸惑うようなら、①は例題として、「こうなる」と保護者の方が見本を見せ、②の問題だけをやってみてください。この問題の難しいところは、「回転すると記号はどうなるか」というところです。ペーパー問題よりは実際にカードを触りながら考えるのでわかりやすいのですが、こうした問題に慣れていないと戸惑うかもしれません。従来はこうした要素のない、運筆や制作に近いことが行われていましたが、本年度はペーパーに近い内容でした。こうした問題もあるので、当校でも広い分野の基礎学習は必要ということになります。

【おすすめ問題集】

Ｊｒ・ウォッチャー46「回転図形」

問題33　分野：運動（男子・女子）

〈解答〉　省略

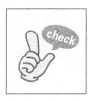

従来は、平均台などを使ったドンじゃんけんといった、ゲームの要素もあるグループの運動を行っていましたが、接触がなく、声もあまり出さないような形に変更されています。本年度限りのものかもしれませんが、参考にしておいてください。どちらにせよ、当校の運動の課題は、運動能力を試すようなものではなく、指示を理解して動けば問題のないものなので、下手に目立とうとせず、年齢なりに元気で積極的に動ければそれでよしとしてください。よほどのことをしない限りは悪く評価はされないでしょう。

【おすすめ問題集】

新運動テスト問題集、Ｊｒ・ウォッチャー28「運動」

問題34　分野：行動観察（男子・女子）

〈解 答〉　省略

前問に引き続いて行われたのがこの行動観察です。内容的には「まねをして踊る」「自由に踊る」というものなので、特に準備は必要ないでしょう。そういうものが苦手なお子さまなら練習しておいてよいでしょうが、踊りがうまいといっても特に評価には影響しないので気にしなくてよいのではないでしょうか。踊りが上手かどうかよりも、やっているときの態度に注意してください。また、指示らしい指示もないのでふだんどおりに行動してください。もちろん、年齢なりの積極性や素直さが評価されるのはほかの課題と同じです。変わったことをする必要もありません。

【おすすめ問題集】
新運動テスト問題集、Ｊｒ・ウォッチャー29「行動観察」

問題35　分野：お話の記憶（男子）

〈解 答〉　①○：左から２番目（車）　②○：右端（夏）
③△：左から２番目（カマキリ）、右端（バッタ）

短いお話で、登場人物も少ないですが、直接的な答えがお話に出てこないので、「誰が何をした」というところだけを意識して聞いていると、答えに詰まってしまうかもしれません。また、当校のお話の記憶では、①のように、「車」を「４つのタイヤですごいスピードで走るもの」と表現するような問題が多く出されているので、ものの特徴を的確にとらえる力も必要となります。こうした力を養うために、なぞなぞ的な形式で取り組んでみるのもよいかもしれません。一見簡単そうに見えますが、少しひねりのある出題方法なので、充分に慣れておくことが大切です。また、③の「出てこなかった」というような、否定形での出題は、お子さまには難しく感じられるということを覚えておいてください。

【おすすめ問題集】
１話５分の読み聞かせお話集①・②、お話の記憶問題集 初級編・中級編、
Ｊｒ・ウォッチャー19「お話の記憶」

問題36　分野：お話の記憶（女子）

〈解 答〉　①○：左端（泥だんご）、左から２番目（砂のプリン）
②○：左から２番目（スコップ）、右から２番目（じょうろ）
③△：右から２番目（モグラ）　④△：右端（ビー玉）

お話は男子よりも長いですが、問題は女子の方が簡単になっています。④以外は、答えがお話に出てくるものですし、④にしても質問されるだろうと想像できるものなので、確実に正解しておきたい問題です。ただ、当校の特徴的な解答方法でもある、「筆記用具」と「記号」の使い分けには注意しておいてください。①②が同じで、③で記号が変わり、④で筆記用具が変わります。答えが合っていたとしても、この指示通りに解答できていなければ不正解になってしまいます。お話に集中しすぎて、問題の指示を聞き逃さないように気を付けましょう。この変化のパターンはいつも同じではないので、覚えても意味はありません。しっかり聞くことを心がけてください。

【おすすめ問題集】
1話5分の読み聞かせお話集①・②、お話の記憶問題集 初級編・中級編、
Ｊｒ・ウォッチャー19「お話の記憶」

問題37　分野：行動観察（男子・女子）

〈解 答〉　省略

巧緻性のように見えますが、指示行動の課題です。ここで差が付くことはないと思うので、難しく考えずに課題に臨めばよいでしょう。複雑な指示も考えさせるような仕掛けもないので、ウォーミングアップ的な位置付けなのではないかと考えられます。ただ、指示を守るということは徹底してください。「お手本と同じになるように」と指示されているので、同じ飾り付けをしましょう。余計なことをしてはいけません。本問で加点評価をされることはないと思いますが、減点になることはありえますので、指示通りを意識して取り組んでください。

【おすすめ問題集】
Ｊｒ・ウォッチャー29「行動観察」

問題38　分野：行動観察（生活）（男子・女子）

〈解 答〉　省略

生活巧緻性の問題ですが、具体的な指示がある女子と大まかな指示しかない男子というように、出題のされ方が異なっています。女子の場合は、指示をしっかり聞けるか、男子の場合は、自分で考えて行動できるかというところが観られています。女子の風呂敷包みはやったことがなければ、悩んでしまうかもしれません。そもそも、風呂敷のあるご家庭が少なくなってきているのではないでしょうか。要領としてはお弁当を包むことをイメージして行ってください。それを一回り大きくした形がこの課題です。小学校受験では、少し前には当たり前にあったもの（ほうき、雑巾など）を使う課題がよく出されます。保護者の方でも馴染みがなくなっているものも多いので、意識して知識を身に付けるようにしましょう。

【おすすめ問題集】

Ｊｒ・ウォッチャー25「生活巧緻性」、29「行動観察」

問題39　分野：行動観察（男子・女子）

〈解 答〉　省略

いわゆる将棋崩しです。と言っても、お子さまには何のことだかわからないかもしれません。簡単に説明すると、将棋の駒を山積みにして、音を立てないようにそっと取っていくゲームです。言葉ではよくわからないかもしれないので、実際にやってみるのが１番よいのですが、家に将棋駒があるでしょうか……。もし、ないようでしたら、ネットで動画を見るなどして、こういうものだということを理解しておくとよいでしょう。とは言っても、本問の観点は、ゲームの中身や勝敗ではありません。ルールを理解して、ゲームができるかという点がポイントです。終わった後の質問では、どう楽しかったのか、どう難しかったのかなど、こういう理由で〇〇だったという説明ができるようにしておきましょう。

【おすすめ問題集】

Ｊｒ・ウォッチャー29「行動観察」、新口頭試問・個別テスト問題集

問題40　分野：運動（男子・女子）

〈解 答〉　省略

当校の運動課題は、難しいものではありません。年齢相応の経験があればできるものなので、特別な対策は必要ないでしょう。運動課題なので、運動能力を観るという部分が全くないとは言えませんが、基本的には指示行動の延長線上にあります。課題ができるかできないかということより、指示が守れているかどうかの方が重要です。速くやろうとして雑になってしまったり、指示を守らなかったりということが、運動ではよくあります。運動が得意なお子さまには簡単すぎる課題で、軽く流してしまうようなこともあります。こうしたことは、決定的なマイナス評価になってしまうので注意しましょう。できるできないに関わらず、指示を守って一生懸命取り組むことが、運動では大切なポイントです。

【おすすめ問題集】
新運動テスト問題集、Ｊｒ・ウォッチャー28「運動」

問題41　分野：お話の記憶（男子）

〈解 答〉　①○：左端（ジャングルジム）
②○：左から２番目（クジャク）、右端（フラミンゴ）
③△：左端（キリン）

男子に出題されたお話の記憶の問題です。お話の長さや質問の数は例年と変わりありません。質問の内容についても、お話の中に出てきたものがそのまま聞かれているので、難しさも例年通りと言えます。また、前年のお話にはなかった、登場する生きものの名前を言わずに、その特徴を説明する表現が、本年度は再度扱われています。例えばフラミンゴを「ピンクの鳥」「１本足で立っている」といった表し方です。ほかにもクジャク、キリンが同様に説明されていますが、どれもお子さまがよく知っているものばかりです。このような表現に対応するためには、さまざまなものの特徴を理解し、その特徴からものを思い浮かべられるような練習が必要です。例えば、「白くて跳ねる生きもの」からウサギを、「黄色い大きな花」からヒマワリを思い浮かべる感じです。ふだんの練習に出てきた生きものなどの特徴を言葉にして、特徴からものを連想する練習をしていくとよいでしょう。

【おすすめ問題集】
１話５分の読み聞かせお話集①・②、お話の記憶問題集 初級編・中級編、
Ｊｒ・ウォッチャー11「いろいろな仲間」、19「お話の記憶」

問題42　分野：行動観察（男子・女子）

〈解答〉　①○：左から２番目（カニ）　②○：右から２番目（魚）
③△：左端、右から２番目

女子に出題されたお話の記憶の問題です。お話の長さや難しさ、質問の特徴などは男子とほぼ同じです。400字程度のお話ならば、ストーリーを把握し、細かい描写についても覚えられるようにしてください。ふだんの練習で、「どんなお話だったのか」「誰が、何をしたのか」「何が出てきたのか」という点を中心に、覚えたお話からの聞き取りをするとよいでしょう。

当校のお話の記憶の問題で、気を付けなければならないのは解答方法です。①②は鉛筆で○をつけて答えますが、③では「クーピーペンで△をつける」という解答方法に変わっています。筆記用具と解答する記号の両方を変えなければならない点に注意してください。筆記用具が変わることをあらかじめ知っていると、試験の場で慌てないかもしれません。とにかく「指示を最後まで聞き取る」ことがこういった問題では大切ですから、その点は徹底させるようにしてください。

【おすすめ問題集】

1話5分の読み聞かせお話集①・②、お話の記憶問題集　初級編・中級編、
Ｊｒ・ウォッチャー11「いろいろな仲間」、19「お話の記憶」

問題43　分野：生活巧緻性（男子・女子）

〈解答〉　省略

本問は男女共通で出題されました。雑巾で机を拭く際の一連の行動を通して、入学後の生活に支障がないか、あるいは身の周りの事が自分でできるかを観ています。雑巾を絞る作業は、洋服の着脱などに比べると難しいと感じるかもしれません。また、ご家庭の生活スタイルによっては、実際に雑巾を使ってものを拭く機会がないかもしれませんが、作業内容にかかわらず、自分のことは自分でできるように、ご家庭で教えておいてください。また、この課題では何かに取り組む際の姿勢も観られます。何ごとにも一生懸命取り組む姿勢も、ふだんから身に付けておきましょう。なお、過去には、「パジャマをたたんで箱にしまう」という課題もありました。衣服の着脱や、ひも結び、箸使いは入試で出やすいですし、生活の上でも頻繁に使う場面がありますので、１人でできるように練習をしておいてください。

【おすすめ問題集】

Ｊｒ・ウォッチャー25「生活巧緻性」、29「行動観察」

広島大学附属小学校　専用注文書

年　　月　　日

合格のための問題集ベスト・セレクション

＊入試頻出分野ベスト３

1st　お話の記憶

集中力　聞く力　知識

2nd　図　形

観察力　思考力

3rd　常　識

知識　集中力

ペーパーテストでは、記憶、図形、数量、推理、常識からの出題が基本です。お話の記憶では、独特の出題方法に慣れておく必要があります。そのほかの分野では、幅広い学習が求められています。

分野	書　名	価格(税抜)	注文	分野	書　名	価格(税抜)	注文
図形	Ｊｒ・ウォッチャー５「回転・展開」	1,500円	冊	数量	Ｊｒ・ウォッチャー39「たし算・ひき算２」	1,500円	冊
図形	Ｊｒ・ウォッチャー６「系列」	1,500円	冊	数量	Ｊｒ・ウォッチャー43「数のやりとり」	1,500円	冊
図形	Ｊｒ・ウォッチャー10「四方からの観察」	1,500円	冊	図形	Ｊｒ・ウォッチャー46「回転図形」	1,500円	冊
常識	Ｊｒ・ウォッチャー12「日常生活」	1,500円	冊	巧緻性	Ｊｒ・ウォッチャー51「運筆①」	1,500円	冊
数量	Ｊｒ・ウォッチャー14「数える」	1,500円	冊	巧緻性	Ｊｒ・ウォッチャー52「運筆②」	1,500円	冊
数量	Ｊｒ・ウォッチャー15「比較」	1,500円	冊	図形	Ｊｒ・ウォッチャー53「四方からの観察積み木」	1,500円	冊
言語	Ｊｒ・ウォッチャー19「お話の記憶」	1,500円	冊	常識	Ｊｒ・ウォッチャー56「マナーとルール」	1,500円	冊
記憶	Ｊｒ・ウォッチャー20「見る記憶・聴く記憶」	1,500円	冊	推理	Ｊｒ・ウォッチャー57「置き換え」	1,500円	冊
行動観察	Ｊｒ・ウォッチャー29「行動観察」	1,500円	冊		お話の記憶問題集 初級編	2,600円	冊
常識	Ｊｒ・ウォッチャー30「生活習慣」	1,500円	冊		お話の記憶問題集 中級編・上級編	各2,000円	各　冊
常識	Ｊｒ・ウォッチャー34「季節」	1,500円	冊		１話５分の読み聞かせお話集①②	各1,800円	各　冊
数量	Ｊｒ・ウォッチャー36「同数発見」	1,500円	冊		新 個別テスト・口頭試問問題集	2,500円	冊
数量	Ｊｒ・ウォッチャー38「たし算・ひき算１」	1,500円	冊		新 小学校受験の入試面接　Ｑ＆Ａ	2,600円	冊

合計	冊	円

(フリガナ) 氏　名	電　話 ＦＡＸ E-mail	
住 所　〒　　　－	以前にご注文されたことはございますか。 有　・　無	

★お近くの書店、または記載の電話・FAX・ホームページにてご注文をお受けしております。
電話：03-5261-8951　FAX：03-5261-8953　代金は書籍合計金額＋送料がかかります。
※なお、落丁・乱丁以外の理由による商品の返品・交換には応じかねます。

★ご記入頂いた個人に関する情報は、当社にて厳重に管理致します。なお、ご購入の商品発送の他に、当社発行の書籍案内、書籍に関する調査に使用させて頂く場合がございますので、予めご了承ください。

日本学習図書株式会社
http://www.nichigaku.jp

広島大学附属東雲小学校　専用注文書

年　　月　　日

合格のための問題集ベスト・セレクション

＊入試頻出分野ベスト３

1st　お話の記憶

集中力　聞く力　知識

2nd　行動観察

聞く力　協調性

3rd　運　動

聞く力　集中力

ペーパーテストは例年、お話の記憶のみの出題です。行動観察では、生活に密着した課題が中心になります。やるべきことはそれほど多くないので、どの課題も確実にできるようにしておきましょう。

分野	書　名	価格(税抜)	注文	分野	書　名	価格(税抜)	注文
図形	Ｊｒ・ウォッチャー 10「四方からの観察」	1,500 円	冊		お話の記憶問題集　初級編	2,600 円	冊
図形	Ｊｒ・ウォッチャー 11「いろいろな仲間」	1,500 円	冊		お話の記憶問題集　中級編	2,000 円	冊
図形	Ｊｒ・ウォッチャー 12「日常生活」	1,500 円	冊		お話の記憶問題集　上級編	2,000 円	冊
推理	Ｊｒ・ウォッチャー 16「積み木」	1,500 円	冊		１話５分の読み聞かせお話集①②	各 1,800 円	冊
常識	Ｊｒ・ウォッチャー 19「お話の記憶」	1,500 円	冊		新　個別テスト・口頭試問問題集	2,500 円	冊
常識	Ｊｒ・ウォッチャー 25「生活巧緻性」	1,500 円	冊		新　運動テスト問題集	2,200 円	冊
常識	Ｊｒ・ウォッチャー 28「運動」	1,500 円	冊		口頭試問最強マニュアル　生活体験編	2,000 円	冊
行動観察	Ｊｒ・ウォッチャー 29「行動観察」	1,500 円	冊		口頭試問最強マニュアル　ノンペーパー編	2,000 円	冊
推理	Ｊｒ・ウォッチャー 30「生活習慣」	1,500 円	冊				
常識	Ｊｒ・ウォッチャー 46「回転図形」	1,500 円	冊				
数量	Ｊｒ・ウォッチャー 47「座標の移動」	1,500 円	冊				
数量	Ｊｒ・ウォッチャー 53「四方からの観察積み木」	1,500 円	冊				

合計	冊	円

(フリガナ) 氏　名	電　話 ＦＡＸ E-mail
住 所　〒　　　－	以前にご注文されたことはございますか。 有　・　無

★お近くの書店、または記載の電話・FAX・ホームページにてご注文をお受けしております。
電話：03-5261-8951　FAX：03-5261-8953　代金は書籍合計金額＋送料がかかります。
※なお、落丁・乱丁以外の理由による商品の返品・交換には応じかねます。

★ご記入頂いた個人に関する情報は、当社にて厳重に管理致します。なお、ご購入の商品発送の他に、当社発行の書籍案内、書籍に関する調査に使用させて頂く場合がございますので、予めご了承ください。

日本学習図書株式会社
http://www.nichigaku.jp

分野別 小学入試練習帳 ジュニアウォッチャー

1．点・線図形	小学校入試で出題頻度の高い『点・線図形』の模写を、難易度の低いものから段階別に幅広く練習することができるように構成。
2．座標	図形の位置模写という作業を、難易度の低いものから段階別に練習できるように構成。
3．パズル	様々なパズルの問題を難易度の低いものから段階別に練習できるように構成。
4．同図形探し	小学校入試で出題頻度の高い、同図形選びの問題を繰り返し練習できるように構成。
5．回転・展開	図形などを回転、または展開したとき、形がどのように変化するかを学習し、理解を深められるように構成。
6．系列	数、図形などの様々な系列問題を、難易度の低いものから段階別に練習できるように構成。
7．迷路	迷路の問題を繰り返し練習できるように構成。
8．対称	対称に関する問題を４つのテーマに分類し、各テーマごとに問題を段階別に練習できるように構成。
9．合成	図形の合成に関する問題を、難易度の低いものから段階別に練習できるように構成。
10. 四方からの観察	もの（立体）を様々な角度から見て、どのように見えるかを推理する問題を段階別に整理し、１つの形式で複数の問題を練習できるように構成。
11. いろいろな仲間	ものや動物、植物の共通点を見つけ、分類していく問題を中心に構成。
12. 日常生活	日常生活における様々な問題を６つのテーマに分類し、各テーマごとに一つの問題形式で複数の問題を練習できるように構成。
13. 時間の流れ	『時間』に着目し、様々なものごとは、時間が経過するとどのように変化するのかということを学習し、理解できるように構成。
14. 数える	様々なものを『数える』ことから、数の多少の判定やかけ算、わり算の基礎までを練習できるように構成。
15. 比較	比較に関する問題を５つのテーマ（数、高さ、長さ、量、重さ）に分類し、各テーマごとに問題を段階別に練習できるように構成。
16. 積み木	数える対象を積み木に限定した問題集。
17. 言葉の音遊び	言葉の音に関する問題を５つのテーマに分類し、各テーマごとに問題を段階別に練習できるように構成。
18. いろいろな言葉	表現力をより豊かにするいろいろな言葉として、擬態語や擬声語、同音異義語、反意語、数詞を取り上げた問題集。
19. お話の記憶	お話を聴いてその内容を記憶、理解し、設問に答える形式の問題集。
20. 見る記憶・聴く記憶	「見て憶える」「聴いて憶える」という『記憶』分野に特化した問題集。
21. お話作り	いくつかの絵を元にしてお話を作る練習をして、想像力を養うことができるように構成。
22. 想像画	描かれてある形や景色に好きな絵を描くことにより、想像力を養うことができるように構成。
23. 切る・貼る・塗る	小学校入試で出題頻度の高い、はさみやのりなどを用いた巧緻性の問題を繰り返し練習できるように構成。
24・絵画	小学校入試で出題頻度の高い、お絵かきやぬり絵などクレヨンやクーピーペンを用いた巧緻性の問題を繰り返し練習できるように構成。
25. 生活巧緻性	小学校入試で出題頻度の高い日常生活の様々な場面における巧緻性の問題集。
26. 文字・数字	ひらがなの清音、濁音、拗音、拗長音、促音と１～20までの数字に焦点を絞り、練習できるように構成。
27. 理科	小学校入試で出題頻度が高くなりつつある理科の問題を集めた問題集。
28. 運動	出題頻度の高い運動問題を種目別に分けて構成。
29. 行動観察	項目ごとに問題提起をし、「このような時はどうか、あるいはどう対処するのか」の観点から問いかける形式の問題集。
30. 生活習慣	学校から家庭に提起された問題と思って、一問一問絵を見ながら話し合い、考える形式の問題集。

31. 推理思考	数、量、言語、常識（含理科、一般）など、諸々のジャンルから問題を構成し、近年の小学校入試問題傾向に沿って構成。
32. ブラックボックス	箱や筒の中を通ると、どのようなお約束でどのように変化するかを推理・思考する問題集。
33. シーソー	重さの違うものをシーソーに乗せた時どちらに傾くのか、またどうすればシーソーは釣り合うのかを思考する基礎的な問題集。
34. 季節	様々な行事や植物などを季節別に分類できるように知識をつける問題集。
35. 重ね図形	小学校入試で頻繁に出題されている「図形を重ね合わせてできる形」についての問題を集めました。
36. 同数発見	様々な物を数え「同じ数」を発見し、数の多少の判断や数の認識の基礎を学べるように構成した問題集。
37. 選んで数える	数の学習の基本となる、いろいろなものの数を正しく数える学習を行う問題集。
38. たし算・ひき算１	数字を使わず、たし算とひき算の基礎を身につけるための問題集。
39. たし算・ひき算２	数字を使わず、たし算とひき算の基礎を身につけるための問題集。
40. 数を分ける	数を等しく分ける問題です。等しく分けたときに余りが出るものもあります。
41. 数の構成	ある数がどのような数で構成されているか学んでいきます。
42. 一対多の対応	一対一の対応から、一対多の対応まで、かけ算の考え方の基礎学習を行います。
43. 数のやりとり	あげたり、もらったり、数の変化をしっかりと学びます。
44. 見えない数	指定された条件から数を導き出します。
45. 図形分割	図形の分割に関する問題集。パズルや合成の分野にも通じる様々な問題を集めました。
46. 回転図形	「回転図形」に関する問題集。やさしい問題から始め、いくつかの代表的なパターンから、段階を踏んで学習できるよう編集されています。
47. 座標の移動	「マス目の指示通りに移動する問題」と「指示された数だけ移動する問題」を収録。
48. 鏡図形	鏡で左右反転させた時の見え方を考えます。平面図形から立体図形、文字、絵まで。
49. しりとり	すべての学習の基礎となる「言葉」を学ぶこと、特に「語彙」を増やすことに重点をおき、さまざまなタイプの「しりとり」問題を集めました。
50. 観覧車	観覧車やメリーゴーラウンドなどを舞台にした「回転系列」の問題集。「推理思考」分野の問題ですが、要素として「図形」や「数量」も含みます。
51. 運筆①	鉛筆の持ち方を学び、点線なぞり、お手本を見ながらの模写で、線を引く練習をします。
52. 運筆②	運筆①からさらに発展し、「欠所補完」や「迷路」などを楽しみながら、より複雑な鉛筆運びを習得することを目指します。
53. 四方からの観察 積み木編	積み木を使用した「四方からの観察」に関する問題を練習できるように構成。
54. 図形の構成	見本の図形がどのような部分によって形づくられているかを考えます。
55. 理科②	理科的知識に関する問題を集中して練習する「常識」分野の問題集。
56. マナーとルール	道路や駅、公共の場でのマナー、安全や衛生に関する常識を学べるように構成。
57. 置き換え	さまざまな具体的・抽象的事象を記号で表す「置き換え」の問題を扱います。
58. 比較②	長さ・高さ・体積・数などを数学的な知識を使わず、論理的に推測する「比較」の問題を練習できるように構成。
59. 欠所補完	線と線のつながり、欠けた絵に当てはまるものなどを求める「欠所補完」に取り組める問題集です。
60. 言葉の音（おん）	しりとり、決まった順番の音をつなげるなど、「言葉の音」に関する問題に取り組める練習問題集です。

◆◆ニチガクのおすすめ問題集◆◆

より充実した家庭学習を目指し、ニチガクではさまざまな問題集をとりそろえております!!

サクセスウォッチャーズ（全18巻）

①～⑱
本体各￥2,200＋税

全９分野を「基礎必修編」「実力アップ編」の２巻でカバーした、合計18冊。

各巻80問と豊富な問題数に加え、他の問題集では掲載していない詳しいアドバイスが、お子さまを指導する際に役立ちます。

各ページが、すぐに使えるミシン目付き。本番を意識したドリルワークが可能です。

ジュニアウォッチャー（既刊60巻）

①～60　（以下続刊）
本体各￥1,500＋税

入試出題頻度の高い９分野を、さらに60の項目にまで細分化。基礎学習に最適のシリーズ。

苦手分野におけるつまずきを、効率よく克服するための60冊です。

ポイントが絞られているため、無駄なく高い効果を得られます。

国立・私立NEWウォッチャーズ

言語／理科／図形／記憶
常識／数量／推理
本体各￥2,000＋税

シリーズ累計発行部数40万部以上を誇る大ベストセラー「ウォッチャーズシリーズ」の趣旨を引き継ぐ新シリーズ!!

実際に出題された過去問の「類題」を32問掲載。全問に「解答のポイント」付きだから家庭学習に最適です。「ミシン目」付き切り離し可能なプリント学習タイプ！

実践 ゆびさきトレーニング①・②・③

本体各￥2,500＋税

制作問題に特化した一冊。有名校が実際に出題した類似問題を35問掲載。

様々な道具の扱い（はさみ・のり・セロハンテープの使い方）から、手先・指先の訓練（ちぎる・貼る・塗る・切る・結ぶ）、また、表現することの楽しさも経験できる問題集です。

お話の記憶・読み聞かせ

［お話の記憶問題集］
中級／上級編
本体各￥2,000＋税

初級／過去類似編／ベスト30
本体各￥2,600＋税

1話5分の読み聞かせお話集①・②、入試実践編①
本体各￥1,800＋税

あらゆる学習に不可欠な、語彙力・集中力・記憶力・理解力・想像力を養うと言われているのが「お話の記憶」分野の問題。問題集は全問アドバイス付き。

分野別 苦手克服シリーズ（全６巻）

図形／数量／言語／
常識／記憶／推理
本体各￥2,000＋税

数量・図形・言語・常識・記憶の６分野。アンケートに基づいて、多くのお子さまがつまづきやすい苦手問題を、それぞれ40問掲載しました。

全問アドバイス付きですので、ご家庭において、そのつまづきを解消するためのプロセスも理解できます。

運動テスト・ノンペーパーテスト問題集

新 運動テスト問題集
本体￥2,200＋税

新 ノンペーパーテスト問題集
本体￥2,600＋税

ノンペーパーテストは国立・私立小学校で幅広く出題される、筆記用具を使用しない分野の問題を全40問掲載。

運動テスト問題集は運動分野に特化した問題集です。指示の理解や、ルールを守る訓練など、ポイントを押さえた学習に最適。全35問掲載。

口頭試問・面接テスト問題集

新 口頭試問・個別テスト問題集
本体￥2,500＋税

面接テスト問題集
本体￥2,000＋税

口頭試問は、主に個別テストとして口頭で出題解答を行うテスト形式。面接は、主に「考え」やふだんの「あり方」をたずねられるものです。

口頭で答える点は同じですが、内容は大きく異なります。想定する質問内容や答え方の幅を広げるために、どちらも手にとっていただきたい問題集です。

小学校受験 厳選難問集　①・②

本体各￥2,600＋税

実際に出題された入試問題の中から、難易度の高い問題をピックアップし、アレンジした問題集。応用問題への挑戦は、基礎の理解度を測るだけでなく、お子さまの達成感・知的好奇心を触発します。

①は数量・図形・推理・言語、②は位置・常識・比較・記憶分野の難問を掲載。それぞれ40問。

国立小学校　対策問題集

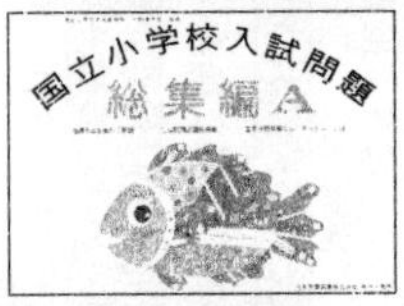

国立小学校入試問題Ａ・Ｂ・Ｃ（全３巻）本体各￥3,282＋税

新 国立小学校直前集中講座
本体￥3,000＋税

国立小学校頻出の問題を厳選。細かな指導方法やアドバイスが掲載してあり、効率的な学習が進められます。「総集編」は難易度別にＡ～Ｃの３冊。付録のレーダーチャートにより得意・不得意を認識でき、国立小学校受験対策に最適です。入試直前の対策には「新 直前集中講座」！

おうちでチャレンジ　①・②

本体各￥1,800＋税

関西最大級の模擬試験である小学校受験標準テストのペーパー問題を編集した実力養成に最適な問題集。延べ受験者数10,000人以上のデータを分析しお子さまの習熟度・到達度を一目で判別。

保護者必読の特別アドバイス収録！

Q＆Aシリーズ

『小学校受験で知っておくべき125のこと』
『小学校受験に関する 保護者の悩みＱ＆Ａ』
『新 小学校受験の入試面接Ｑ＆Ａ』
『新 小学校受験 願書・アンケート文例集500』
本体各￥2,600＋税
『小学校受験のための
願書の書き方から面接まで』
本体￥2,500＋税

「知りたい！」「聞きたい！」「こんな時どうすれば…？」そんな疑問や悩みにお答えする、オススメの人気シリーズです。

書籍についてのご注文・お問い合わせ
☎ 03-5261-8951

http://www.nichigaku.jp
※ご注文方法、書籍についての詳細は、Webサイトをご覧ください。

日本学習図書　検索

家庭学習をトータルサポート！ ニチガクのオリジナル 効果的 学習法

1 まずは アドバイスページを読む！

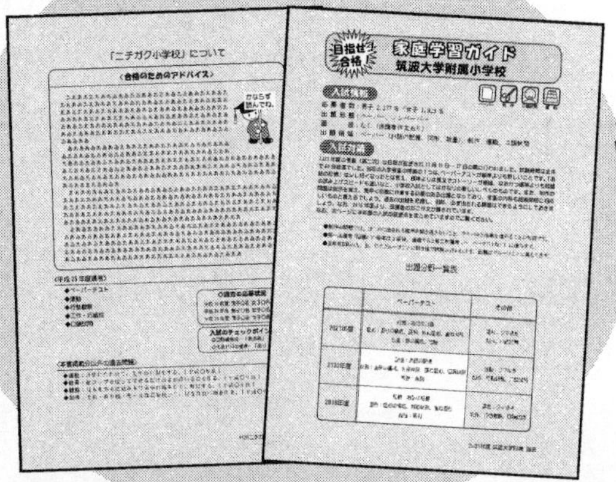

対策や試験ポイントがぎっしりつまった「家庭学習ガイド」。分野アイコンで、試験の傾向をおさえよう！

2 問題をすべて読み、出題傾向を把握する

3 「学習のポイント」で学校側の観点や問題の解説を熟読

4 はじめて過去問題にチャレンジ！

5 プラスα 対策問題集や類題で力を付ける

過去問のこだわり

最新問題は問題ページ、イラストページ、解答・解説ページが独立しており、お子さまにすぐに取り掛かっていただける作りになっています。
ニチガクの学校別問題集ならではの、学習法を含めたアドバイスを利用して効率のよい家庭学習を進めてください。

各問題のジャンル

問題7 分野：図形（図形の構成）　Aグループ男子

〈解答〉　下図参照

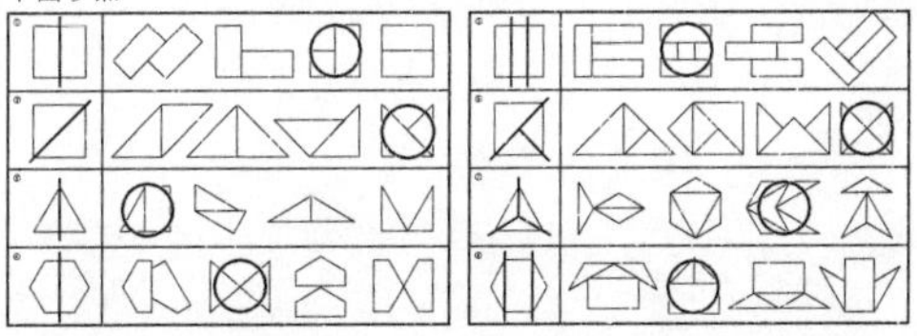

図形の構成の問題です。解答時間が圧倒的に短いので、直感的に答えないと全問答えることはできないでしょう。例年ほど難しい問題ではないので、ある程度準備をしたお子さまなら可能のはずです。注意すべきなのはケアレスミスで、「できないものはどれですか」と聞かれているのに、できるものに○をしたりしてはおしまいです。こういった問題では基礎とも言える問題なので、もしわからなかった場合は基礎問題を分野別の問題集などでおさらいしておきましょう。

【おすすめ問題集】
★筑波大附属小学校図形攻略問題集①②★（書店では販売しておりません）
Jr・ウォッチャー9「合成」、54「図形の構成」

学習のポイント

各問題の解説や学校の観点、指導のポイントなどを教えます。
今日から保護者の方が家庭学習の先生に！

おすすめ対策問題集

分野ごとに対策問題集をご紹介。苦手分野の克服に最適です！
＊専用注文書付き。

2023年度版
広島県版　国立小学校　過去問題集

発行日　2022年11月30日
発行所　〒162-0821 東京都新宿区津久戸町 3-11
TH1ビル飯田橋 9F　日本学習図書株式会社
電　話　03-5261-8951 ㈹